Der Gote

Die 50 besten Restaurants
in Köln und Umgebung

D1722690

Helmut Gote

Der Gote

Die 50 besten Restaurants in Köln und Umgebung 2010/11

DUMONT

Inhalt

Toll und Teuer

Register

Vorwort

Die neue Ausgabe meines Restaurantführers bringt Sie wieder auf den aktuellen Stand in Sachen gutes bis erstklassiges Essen in Köln und Umgebung – man muss eben nur wissen, wo. Gegenüber der vorherigen Ausgabe sind zweiundzwanzig neue Restaurants beschrieben, alle anderen habe ich erneut besucht und die Texte entsprechend komplett überarbeitet. Meine Ansprüche sind dieselben geblieben.

Neben der Qualität des Essens und der Freundlichkeit des Service lege ich nach wie vor Wert auf angemessene Preise. Verwechseln Sie preis-wert im Wortsinn aber nicht mit billig – für fünf Euro werden Sie eben nur ein banales Fastfood-Menü bekommen, aber kein wirklich gutes Steak, und für zwanzig Euro können Sie zwar guten Fisch, aber eben keinen geangelten Steinbutt erwarten. Insofern ist auch dieses Buch wieder ein energisches Plädoyer dafür, nicht ausgerechnet am Restaurantbesuch zu sparen, ganz gleich, in welcher Kategorie Sie essen möchten.

In diesem Sinne kann ich Ihnen wieder alle 50 Kölner Restaurants in diesem Buch sehr empfehlen, weil sie meiner Ansicht nach zu den besten in einer der drei Kategorien gehören, in die es unterteilt ist. Darüber hinaus halte ich Sie in meiner samstäglichen Kolumne im Magazin des »Kölner Stadt-Anzeiger« (www.ksta.de) weiterhin immer aktuell auf dem Laufenden.

Wie in der Kolumne habe ich so präzise wie möglich aufgeschrieben, was ich erlebt und geschmeckt habe, und natürlich kann ich nur dafür die Verantwortung übernehmen. Auf das, was Sie selbst bei Ihrem Restaurantbesuch erleben werden, habe ich keinen Einfluss.

Die Wahrheit liegt immer auf Ihrem Teller.

Helmut Gote

Nützliche Hinweise

Die Kapitel
Die Restaurants sind nach drei Kapiteln geordnet.

Im Kapitel **Lust und Laune** stehen weitgehend Gasthäuser und Restaurants, in denen es locker zugeht und Sie für relativ wenig Geld gut essen können. Die ausländischen darunter vermitteln neben der typischen Küche auch den Charakter ihres Heimatlandes; die deutschen Gasthäuser zeigen, wie unsere Hausmannskost einfach gut schmecken kann, wenn sie frisch und sorgfältig zubereitet wird. Insgesamt ergeben die Restaurants in diesem Kapitel ein recht buntes gastronomisches Puzzle mit zum Teil sehr originellem Flair.

Im Kapitel **Gut und Gerne** finden Sie Restaurants, die in Bezug auf Produktqualität, Service und Ambiente schon gehobene Ansprüche erfüllen und oft eine gute Weinauswahl anbieten. Auch wenn sie in diesem Buch in der mittleren Kategorie stehen, liegen sie im Vergleich zur allgemeinen Kölner Gastronomieszene qualitativ deutlich über dem Durchschnitt und sind auf der nach oben offenen Feinschmecker-Skala immer wieder für eine besondere Überraschung gut.

Das Kapitel **Toll und Teuer** können Sie wörtlich nehmen: Hier sind die Restaurants versammelt, in denen alles erstklassig ist. Sie zählen nicht nur zu den allerbesten in Köln, sondern auch zur gesamtdeutschen Spitzenklasse. Hier kostet ein Essen natürlich viel Geld, aber wenn Sie einmal erleben wollen, was heutzutage kulinarisch auf hohem bis höchstem Niveau möglich ist, dann sind Sie bei diesen Restaurants an der richtigen Adresse.

Suchen und Finden

In den einzelnen Kapiteln sind die Restaurants alphabetisch geordnet. Am Ende des Buches finden Sie drei verschiedene Register: Das erste führt alle Restaurants alphabetisch nach Namen auf, das zweite nach Stadtteilen, und das dritte besteht aus den Restaurants, die auch mittags geöffnet sind. Genaue Wegbeschreibungen stehen oft auf den Internetseiten der Betriebe.

Serviceinformationen

Alle Serviceinformationen wurden kurz vor Redaktionsschluss im Juli 2009 noch einmal überprüft, allerdings können sich die aufgeführten Preise und die Öffnungszeiten gelegentlich ändern, außerdem machen auch Restaurantbesitzer gelegentlich Urlaub. Für nähere Informationen sind die Internetadressen – sofern vorhanden – ebenfalls angegeben.

Ob eine Reservierung ratsam oder erforderlich ist, kommt auf das jeweilige Restaurant an. Gute Restaurants sind oft und vor allem am Wochenende gut besucht, sodass Sie grundsätzlich reservieren sollten, wenn Sie sichergehen wollen, einen Tisch zu bekommen – vor allem in den Spitzenrestaurants.

Die Restaurants, in denen Sie im Sommer draußen sitzen können, sind mit einer kleinen Sonne gekennzeichnet.

Lust und Laune

Al Salam

Hohenstaufenring 22
Telefon 20 19 882
www.al-salam.de
Di – So ab 18 Uhr, Mo Ruhetag

Vorspeisen ab 4
Hauptgerichte ab 9,50
Menüs: 3 Gänge ab 24
Ec-cash

Geheimnisvolle Düfte, erlesene Gewürze und ungehörte Klänge des Orients verspricht die Internet-Seite dieses arabischen Restaurants. Fehlen eigentlich nur noch die Märchen aus 1001 Nacht, möchte man da schon unwillkürlich hinzufügen – Tatsache ist aber, dass die Speisekarte wirklich ziemlich spannend und die bunte Mischung aus traditionell gestalteter Innenarchitektur, arabisch geschnitztem Mobiliar mit Mosaik-Einlagen und den ausgestellten Utensilien von Kaffeekannen aus Kupfer bis zur Wasserpfeife ein sehr schöner Blickfang ist. Ab 21 Uhr kann die Wasserpfeife auch geraucht werden, Zigaretten ebenfalls, weil das Al Salam dann ein Raucherclub ist. Dass die Luft trotzdem einigermaßen frisch bleibt, hat auch mit der guten Belüftung zu tun, die sich allerdings so bemerkbar macht, dass es je nach Sitzplatz etwas unangenehm zieht. Dagegen hilft die heiße, pürierte Linsensuppe, dezent mit Kreuzkümmel gewürzt. Überhaupt setzen die Köche hier die typischen Gewürze und Zutaten der arabischen Küche eher zurückhaltend ein und gehen bei der Zubereitung ziemlich sorgfältig vor. Die Sesampaste Tahine, Joghurt und Kreuzkümmel kommen in fast allen Vorspeisen vor, von denen es jede Menge in kalten oder warmen Varianten gibt: Die Falafel aus gemahlenen Kichererbsen waren knusprig in sehr frischem Fett frittiert, ebenso

wie die Kubbeh Maqulieh – lustig geformte Kugeln aus einem Weizenschrotmantel mit geschmortem Rindfleisch gefüllt, das mit Zimt gewürzt ist. Oder Fuhl – eine Vorspeise aus braunen Bohnen mit gehackten Walnüssen, Frühlingszwiebelringen, Granatapfelkernen in einem Dressing aus Joghurt und Tahine mit Zitrone. Oder das frisch-säuerliche Auberginen-Mus mit Tahine und die unterschiedlich gefüllten, gebackenen Teigtaschen.

Man könnte sich hier problemlos an den Vorspeisen sattessen, aber die Hauptgerichte sind einfach zu verlockend, um sie nicht zu probieren. Oder haben Sie schon mal zarte, mit Oliven und Walnüssen gefüllte Hühnchenrouladen gegessen, die mit gebackenen Tomaten- und Kartoffelscheiben zum Couscous gereicht werden? Das mit Ingwer geschmorte Lammfleisch in Pflaumensoße ist ein Paradebeispiel für orientalisches Essen und Baklava zum Dessert ein schön süßer Schlusspunkt aus Blätterteig, Mandeln, Walnüssen und Pistazien. Die Weine aus dem Libanon passen gut zu allen Gerichten. Ob die Roten auch mit der Wasserpfeife harmonieren, kann ich nicht beurteilen, denn die inzwischen bei uns schon nostalgisch anmutende Sitte, für die Zigarette danach im Restaurant sitzen bleiben zu können, war mir orientalisch genug.

Bobotie

Marsilstein 9 – 13
Telefon 20 54 478
www.bobotie.de
Di – Do, So 17 – 22 Uhr, Fr/Sa 17 – 23.30 Uhr, Mo Ruhetag

Vorspeisen ab 4,30
Hauptgerichte ab 12,90
Menüs: auf Anfrage
Ec-cash

Mit diesem »South african lounge and dining room« haben der Kapstädter Paul Stern, ein ehemaliger Opernregisseur, und der Teheraner Shahram Golestani, ein gelernter Architekt, ein Zeichen gesetzt, wie moderne Großstadtgastronomie mit internationalem Flair in jeder Hinsicht sinnlich inszeniert werden kann. Der komplett mit erdfarbenem Lehm grob verputzte Restaurantbereich mit den beleuchteten Mauernischen, in denen Masken und andere traditionelle afrikanische Utensilien ausgestellt werden, und der gemütliche Loungebereich im vorderen Teil sind an sich schon ein Erlebnis. Die erstklassigen und dabei preiswerten Cocktails eignen sich ebenso zur Einstimmung fürs Essen wie der südafrikanische Sekt oder die offenen Weine, die genauso trinkfreundlich kalkuliert sind.

Die Speisekarte gleicht einem Streifzug durch die südafrikanische Küche, wie sie heutzutage in Kapstadt zubereitet wird: Gerichte, die von den landesüblichen Kochtraditionen ebenso beeinflusst sind wie von den europäischen, indischen und asiatischen Einwanderern, die dort leben. Die durchweg empfehlenswerten Vorspeisen wie die mit Gemüsecurry gefüllten Teigtaschen, die Süßkartoffel-Käse-Kroketten, mit Hackfleisch gefüllter Blätterteig oder die mit Koriander und Nelken gewürzte südafrikanische Bratwurst werden mit

den landestypischen süß-sauer-scharfen Dips und Saucen serviert. Es gibt immer ein wechselndes »Potie of the day« im gusseisernen Töpfchen (das wie fast das gesamte bunte Geschirr original aus Südafrika stammt). Das kann zum Beispiel herzhaft abgeschmecktes Ragout vom Onyx, einer Antilopenart, mit frischem Gemüse, Tomaten und weißen Bohnen und Püree aus Mais, Spinat und Wirsing sein. Springbock, Strauß und sogar Krokodilfleisch kommen immer auf den Punkt gegart aus der Küche, dazu gibt es ungewöhnliche Beilagen wie einen lauwarmen Salat aus Süßkartoffeln und Ricotta mit Pinienkernen und Mangodressing. Auf dem Teller wirkt das gar nicht so exotisch, wie es sich anhört, weil einfach alles hervorragend miteinander harmoniert und sich deswegen geschmacklich sofort erschließt.

Dazu kommt eine rein südafrikanische Weinkarte mit den typischen Rebsorten Sauvignon, Chenin blanc und Pinotage, die nicht nur gut zum Essen passen, sondern auch sehr süffig sind. All das und die immer aufmerksame und motivierte Service-Crew machen das Bobotie zu einem ganz speziellen gastronomischen Kleinkunstwerk mit hohem Wohlfühlfaktor, für das es ansonsten in seiner Art in Köln einfach nichts Vergleichbares gibt.

Fischermanns'

Rathenauplatz 21
Telefon 80 17 790
täglich 18 – 23 Uhr
www.restaurant-fischermanns.de

Vorspeisen ab 6,80
Hauptgerichte ab 13,20
Menüs: 3 Gänge 30
Ec-cash

30,30 Euro für ein dreigängiges Menü, das man sich auch noch selbst aus der Speisekarte zusammenstellen kann, ist hier tatsächlich im Verhältnis zu den Einzelpreisen der Gerichte ein gelungenes Sonderangebot, weil bei den Portionen keine Abstriche gemacht werden – und die sind so groß, dass bei drei Gängen schon mal etwas auf dem Teller zurückbleibt, zumindest bei den Hauptgängen.

Die Küche des Szenerestaurants, das eine gelungene Mischung aus modern hell eingerichtetem Bistro mit Hochtischen im Barbereich und sehr gemütlicher Außenterrasse ist, lässt sich stilistisch unter »cross-over« einordnen: Asiatisch orientierte Zubereitungen wechseln munter mit europäischen Gerichten, von japanisch-würzig bis deutsch-deftig ist alles dabei, und dazu setzen die Köche munter eigene Akzente. Die passen nicht immer, so zum Beispiel wenn beim Bündnerfleisch zum frischen Rucola im Haselnussdressing und Parmesanchips auch noch viele getrocknete Maulbeeren mit ihrer Süße die Geschmacksbalance stören. Aber meistens sitzt die Zusammenstellung und ergibt einwandfreie Ergebnisse. Die dünnen, zarten Kalbsfiletscheiben harmonierten gut mit lauwarmer Linsenvinaigrette und erfrischenden Kresseblättchen, die cremige Hummerbisque mit Flusskrebsschwänzen war passend gewürzt und mit Käse, Aioli

sowie knusprig gebackenen Weißbrotscheiben abgerundet. Auch die in dünnem Teig frittierten, knackigen Garnelen vertragen sich problemlos mit Rettichsalat, frischem Ingwer und Krabbenchips. Zu gebratenen Scheiben vom Kalbstafelspitz gibt es Gnocchi, Spargel und Blumenkohl in üppiger Sahnesauce, und auch die Spargelravioli sind eine interessante Variante (schön der Kontrast zwischen fruchtig-reifen Kirschtomaten und Steinpilzsauce mit frischen Champignons als Einlage), die ebenso überzeugt wie die im Vergleich einfach und schnörkellos zubereiteten Gerichte: Zwei kräftig gebratene Bratwürste vom Bio-Kalb lagen neben grob gestampften Möhren und Kartoffeln in würziger Bierjus mit bissfesten Zwiebeln, und der Hausklassiker, das dicke, saftige Rumpsteak mit Scampi, war präzise rosa gebraten.

Auf meine Bemerkung, dass die beiden Desserts – die Erdbeertiramisu und das Mascarpone-Törtchen mit Rhabarber und Weintrauben – insgesamt etwas zu süß geraten seien, reagierte der Kellner übrigens mit einem charmanten Lächeln und der fröhlichen Bestätigung »ja, so isses«. Und so entsprechen die gut trainierten und immer freundlichen Herren im Service durchaus der Eigenwerbung des Hauses: zauberhaft nonchalant und kompetent.

Great Wall

Burgmauer 16
Telefon 27 74 712
täglich 12 – 15 und 17 – 23 Uhr

Vorspeisen ab 6
Hauptgerichte ab 10
Menüs: nach Absprache
Visa, MasterCard, American Express, Diners Card, Ec-cash

Der Grat zwischen Mut und Übermut ist nicht nur im normalen Alltag oft ein schmaler, sondern auch wenn man in einem chinesischen Restaurant speist, das sich die kompromisslose Umsetzung der Küchentraditionen des Reichs der Mitte auf die Fahnen geschrieben hat. Diese Erkenntnis traf mich, als ich die kalte Vorspeise Fu Qui Fei Pian vor mir sah, die ich (ohne Übersetzung) von der Speisekarte bestellt hatte, weil das Foto dazu eigentlich ganz schön aussah. Es entpuppte sich als gekochter, geschnetzelter Rinderpansen mit Zunge, mittelscharf mariniert mit Chili, Pfeffer, Sojasauce, Öl, klein geschnittenen Lauchzwiebeln und vermutlich noch anderen geheimnisvollen Gewürzen und Zutaten. Da fremdeln europäische Geschmacksnerven doch etwas mehr, als ich gedacht hätte. Auch der zweiten kalten Vorspeise, den gekochten und in große Streifen geschnittenen Schweineohren mit Salatgurke und Sojasaucendressing, verweigerte meine kulinarische Experimentierlust trotz guten Selbstzuredens fast den Dienst wie ein Turnierpferd vor einem Dreifach-Ochser. Auch bei durchaus interessanter Würzung bestehen Schweineohren nun mal weitgehend aus weichen Knorpeln. Der dünn geschnittene Schweinebauch mit Wolkenohrpilzen, serviert im gusseisernen Tiegel, schmeckte auch ungewöhnlich, aber ziemlich gut, und die zarten, in

Hühnerbrühe gegarten Fischfilets mit Sichuan-Pfeffer und viel Zimtrinden abgeschmeckt und schwimmend in Öl und Sojasauce serviert ebenfalls.

Der Besuch in dem mit einer Mischung aus alten chinesischen Holzmöbeln, Resopaltischen und abstrakter Kunst eingerichteten Lokal ist tatsächlich insgesamt ein Erlebnis mit Seltenheitswert, und es gibt auch viele leichter zugängliche Gerichte. Studieren Sie also erst einmal die bilderbuchartige Speisekarte, auf der Gerichte aus drei Kochtraditionen stehen, die vom gekennzeichneten Schärfegrad über die Zubereitungsart bis hin zu den Zutaten völlig unterschiedlich sind. Das gilt für den hervorragenden Pak Choi mit Knoblauch als Gemüsebeilage, die knusprigen Frühlingsrollen und auch den halben Karpfen nach Schanghai-Art in einer dicken, fast schwarzen, süßsauer-pikanten Sojasauce. Bei den sehr gelungenen Dan-Dan-Nudeln mit Gehacktem vom Schwein und gerösteten Erdnüssen können Sie feststellen, wie komplex China-Spezialitäten schmecken können, die hier völlig ohne Glutamat auskommen. Die freundlichen Kellner helfen gerne mit Erklärungen, und natürlich gibt es grünen Tee aus sehr schönen, bunten Porzellankännchen. Ansonsten nehmen Sie statt Kölsch einfach mal ein Tsingtao-Bier.

Kampung Indonesia

Brabanter Straße 3
Telefon 16 83 48 98
www.kampung-indonesia.de
Di – So 18 – 24 Uhr, Mo Ruhetag

Vorspeisen ab 4
Hauptgerichte ab 7
Menüs: für 2 Personen ab 30
Visa, Ec-cash

Es gibt wenige Restaurants, die schon von außen so einladend wirken wie dieses neue indonesische Restaurant gleich an der Ecke zur Aachener Straße. Der hohe Altbau-Raum ist so schön stilecht mit rohen Holztischen und -stühlen, indonesischen Accessoires und zum Teil quietschgrün gestrichenen Wänden ausgestattet, dass man unwillkürlich hineingehen will. Der kleine Garten im Hinterhof mit den Bambuspflanzen und den kleinen Laternen auf den Tischen setzt da noch eins drauf – das alles hat schon etwas von Urlaubsabenden in Asien, vor allem wenn es in Köln so schwülwarm ist wie in diesem Sommer.

Das Essen ist etwas einfacher als zum Beispiel die thailändische Küche, aber es wird mit ähnlichen Zutaten wie Zitronengras, Curry, Knoblauch, Kokos, süß-scharfen Saucen und im Falle des Kampung besonders gerne auch mit Erdnüssen gekocht. Die leicht scharfe Erdnusssauce gibt es zu den Vorspeisenklassikern wie knusprigen Frühlingsröllchen und Samosas oder herzhaft gewürzten Rinderhackbällchen. Die klare, mit Zitronengras abgeschmeckte Hühnerbrühe mit zartem Hühnerfleisch, vielen Sprossen und dünnen Glasnudeln als Einlage war einwandfrei, das traditionelle Gado Gado eine gelungene Mischung aus knackigem, Wok-gerührtem Gemüse und schön saftigen Seidentofuwürfeln.

Das Rindfleisch in Kokossauce mit Kartoffeln war durch das ungewöhnliche Aroma von Sternanis geschmacklich interessant, aber etwas zu trocken und hätte daher wesentlich mehr Sauce vertragen können. Schärfer wurde es beim im Bananenblatt gedämpften Fischfilet mit Reisauflage, die eine ordentliche Portion Chili, grob geschnittenes Zitronengras und viel Thai-Basilikum abbekommen hatte. Die einwandfreien Saté-Spieße vom Huhn werden mit dunkler Sojasauce und Erdnusssauce übergossen, die es – mit Kokosmilch verlängert – auch zu den grünen Bohnen und der frittierten Entenbrust mit krosser Haut gibt.

Asiatische Desserts jenseits von frischem Obst sind ja tendenziell für europäische Essgewohnheiten immer etwas riskant – die indonesischen Pfannkuchen schafften die Kultur-Hürde bei mir jedenfalls nicht. Das waren dicke, völlig ungewürzte und neongrün gefärbte Rollen mit einer krümeligsüßen Füllung aus Kokosraspeln und Palmzucker sowie ein paar Spritzern Schokoladensauce darüber.

Die jungen Indonesier sind so freundlich, dass man mit ein paar Unsicherheiten im Service problemlos klarkommt, und die offenen Weißweine passen gut zum Essen. Die lockere Stimmung und animierende Urlaubsatmosphäre machen den entspannten Aufenthalt komplett.

Konak

Weidengasse 42 – 44
Telefon 12 13 85
www.konak-koeln.de
Di – So 16 – 24 Uhr, Mo Ruhetag

Vorspeisen ab 3,50
Hauptgerichte ab 8,50
Menüs: 3 – 4 Gänge ab 14
American Express, Ec-cash

Döner Kebap kennen die meisten nur als vom Drehspieß ab-
gesäbeltes Fleisch von, sagen wir mal, nicht unbedingt über-
zeugender Qualität, das mit anderen Zutaten in ein Fladenbrot gefüllt wird und dann beim Essen meistens Probleme
verursacht, weil dabei immer etwas runterfällt. Dass es auch
anders geht, beweist Attila Tosun in seinem typisch türkischen Restaurant in der Weidengasse. Dort serviert er nämlich das Original des Dönermeisters Iskender aus dem Städt-
chen Basra in der nordwestlichen Türkei, der für diese
Spezialität dort heute noch landesweit bekannt ist. Dieser
Döner Kebab kommt nicht vom Spieß, sondern besteht aus
auf Lavastein gegrilltem Kalb- und Lammfleisch, das auf ge-
röstetes Fladenbrot gelegt und mit Joghurt sowie Tomatensauce serviert wird. Dass dies der leckerste Döner Kölns ist,
hat nicht nur mit der überdurchschnittlichen Fleischquali-
tät zu tun, die Tosun verwendet, der eigentlich Metzger von
Beruf ist. Der Küchenchef bereitet alle Gerichte sorgfältig zu
und schmeckt sie gut ab. Das gilt für die gesamten klassischen Vorspeisen vom Hummus über die mit Reis und Pinienkernen gefüllten Weinblätter bis zur hervorragenden,
hausgemachten Fischrogencreme oder der pürierten Linsensuppe. Dazu kommen einige türkische Schmorgerichte
von Lamm und Kalb und immer wieder überraschende Klei-

nigkeiten wie die warmen, mit Schafskäse gefüllten Röllchen vom Rinderschinken oder die Hackfleischbällchen in Tomatensauce mit einem orientalisch gewürzten Salat aus roten Zwiebeln.

Bei den Desserts lohnen sich neben den typischen, sehr süßen Baklava (mit Pistazien gefüllter Blätterteig in Honigsirup) vor allem der überbackene Milchreis, auf dem sich eine dunkle Haut bildet, und der Vanillepudding mit Haselnüssen, aber nicht ohne den original über der Gasflamme aufgekochten türkischen Mokka.

Zusammen mit den guten und preiswerten türkischen Weinen, die Tosun dazu persönlich empfiehlt, und dem einfachen Ambiente mit rosa gestrichenen Wänden, goldenen Messingleuchtern, Polsterstühlen und kleinen Stoffläufern auf den Holztischen ist das ein kurzweiliger Ausflug in ein schlichtes Lokal weit jenseits des üblichen Döner-Imbiss.

La Pachamama

Roonstraße 36
Telefon 24 42 25
www.lapachamama.de
Mo – Sa 18.30 – 24 Uhr, So Ruhetag

Vorspeisen ab 2,50
Hauptgerichte ab 8,25
Visa, MasterCard, Ec-cash

Bei den authentisch peruanischen Gerichten, die es in diesem folkloristisch ausgestatteten Spezialitätenrestaurant
gibt, helfen die deutschen Erläuterungen zum Beispiel eines
Gerichts namens »Inchicapi« natürlich erheblich, und ein
freundlicher, gut Deutsch sprechender Besitzer noch viel
mehr. Das ist Juan Urquizo, der sich nicht nur als Gastgeber,
sondern auch als kulinarisch-kultureller Botschafter seiner
Heimat versteht und zur »Inchicapi« stolz verkündet, dass
man sie europaweit nur bei ihm bekommt, weil sie nach
dem geheimen Rezept seiner Mutter zubereitet ist. Diese
herzhafte grüne Suppe auf der Basis hausgemachter Hühnerbrühe mit geriebenen Erdnüssen, Hühnchenfleisch, Yuc-
castücken und Koriander ist tatsächlich sehr lecker und mit
keiner anderen Suppe vergleichbar. Die anderen Vorspeisen
und Hauptgänge sind immer unterschiedlich scharf, mit
südamerikanischen Chili-Sorten, die in Peru Aji heißen, abgeschmeckt. Eine gelbe Aji-Sorte sorgt etwa beim Aji de gal-
lina, das ähnlich wie ein indisches Curry aussieht, für eine
hintergründig aromatische Schärfe, die sehr gut zum zarten
Hühnchenfleisch, den gehackten Walnüssen und anderen
peruanischen Gewürzen passt. Schon schärfer ist die Paella
auf peruanische Art mit Reis, knackig sautierten Garnelen,
Erbsen und roten Paprika, mit gelbem Aji, Koriander und

Weißwein gegart. Beim Seco de cordero ist dann für mich genau die Grenze der Schärfe erreicht, ab der die anderen Geschmacksnuancen untergehen: saftiges, in rotem Aji, Zwiebeln, Knoblauch, Koriander und Bier geschmortes Lammfleisch mit dunkler Sauce.

Bei den Vorspeisen beeindruckte vor allem die Causa limena, eine mit pikanter Mayonnaise übergossene Pastete aus Kartoffelpüree, die mit zerdrückten gekochten Eiern und Krabben gefüllt ist. Und die frittierten Maniokwurzeln mit einer dicken, natürlich wieder Aji-scharfen Creme aus Ziegenfrischkäse und Milch könnten Sie eigentlich gleich als Auftakt zum hervorragenden Cocktail-Klassiker Pisco sour als Aperitif bestellen, einem peruanischen Aquavit aus Trauben, der stilecht mit Eiweiß und Zitronensaft gemixt und mit Zimt bestreut ins schlanke Sektglas kommt.

Dann zum Schluss noch die peruanische Variante einer schön süßen Crème caramel oder die absolut exotische Mazamorra: heißes, leicht flüssiges und rotschwarzes Mais-Gelee mit Apfel- und Ananasstücken sowie Rosinen darin – fruchtig-süß und das gelungene Ende einer sehr interessanten Reise durch ungewöhnliche und sehr sorgfältig zubereitete Spezialitäten, die ich so bisher überhaupt noch nicht kannte.

La Teca

Eifelplatz 2
Telefon 31 34 85
www.lateca-koeln.de
Mo – Sa 10 – 24 Uhr, im Winter 11 – 24 Uhr, So Ruhetag

Vorspeisen ab 3,90
Hauptgerichte ab 7,50
Mittagsmenü mit 2 Gängen und Getränk 10,50
Visa, MasterCard, Ec-cash

Ein kleiner, mit rustikalen Holzmöbeln und Weinregalen aus-
gestatteter Raum, Terracotta-Boden, bei schönem Wetter ein
paar Gartentische unter dunkelgrüner Markise und stets gut
gelaunte Kellnerinnen, die sich sehr freundlich um die Gäste
kümmern – mehr braucht es nicht, um aus einem kleinen
Ecklokal am Eifelplatz einen Hort italienischer Esskultur zu
machen. In der großen Theke liegen Schinken, Salami, Käse
und Wurst für die Ciabatte zum Frühstück oder zwischen-
durch und verschiedene Gemüse für die Antipasti, die alle-
samt gut schmecken, es gibt hervorragenden Kaffee in den
landestypischen Varianten von Espresso bis Latte macchiato
und durchweg gute Weine, glasweise oder in Flaschen, und
das alles auch noch zu bemerkenswert niedrigen Preisen.
Dazu wird eine ganze Reihe von Pastaklassikern angeboten,
und auf den Schiefertafeln stehen noch einige Fisch- und
Fleischgerichte sowie die Desserts.

    Wo fange ich also an? Am besten bei der immer präzise
al dente gekochten Pasta, die in großen Portionen auf die tie-
fen Teller kommt: Casareccia, die leicht eingedrehten, läng-
lichen Nudeln mit dicker Tomatensauce und saftig-weichem
Büffelmozzarella, Spaghetti aglio olio mit Olivenöl und gebratenen Knoblauchscheiben, Spaghetti à la carbonara mit
Eigelb-gebundener Sahnesauce und würzigen Speckstreifen

– bei allen drei Gerichten zeigen die Köche, wie lecker einfache Pasta sein kann, wenn sie einfach nur frisch und sorgfältig zubereitet wird. Die Bruschetta sind genauso empfehlenswert, neben denen mit Würfeln von reifen Tomaten lohnen sich auch die mit den eingelegten Auberginen oder die mit geschmolzenem Käse, Sardelle und Oregano.

Mit dem fruchtigen Prosecco oder dem feinperlig trockenen Franciacorta als Aperitif dazu ist die Einstimmung auf weitere Genüsse schon gelungen. Das Vitello Tonnato mit zarten und innen noch leicht rosa gegarten Kalbfleischscheiben, mit Thunfischsauce und Kapern bestreut, gebratene Garnelen und Sardinen mit Bratlingen und Salat, saftige Heilbuttfilets in Butter und Salbei mit Erbsen und Broccoli – alles durchweg einwandfrei. Die Torta della Nonna, der flache Mandelkuchen nach Großmutterart mit üppiger Vanillecreme-Füllung, war schlichtweg umwerfend.

Bleibt noch ein Extra-Lob für die Qualität des Weinangebots: Die glasweise angebotenen Weine sind sehr empfehlenswerte Vertreter ihrer Preisklasse, bei den Flaschenweinen sind einige renommierte italienische Weingüter zu moderaten Preisen dabei. Für so ein Lokal muss man sonst eigentlich in den Urlaub nach Italien fahren – in Köln kenne ich nichts Vergleichbares.

Mandalay

Brüsseler Straße 53
Telefon 51 01 296
www.mandalay-koeln.de
täglich 19 – 24 Uhr, Di Ruhetag

Vorspeisen ab 3,50
Hauptgerichte ab 10
Menüs: 3 Gänge ab 24
Visa, MasterCard, American Express, Ec-cash

Der schönste Tisch in diesem eher schlicht eingerichteten Restaurant mit den hellgelb gestrichenen Wänden und dem dunkelroten Teppich ist der vor dem in der Ecke aufgestellten und mit Obst und Blumen geschmückten Schrein. Aber auch an den anderen, weiß und sogar mit Stoffservietten eingedeckten Tischen kann man bequem die Spezialitäten der birmanesischen Küche durchprobieren. Der sehr freundliche Inhaber Myint Swe und sein junger Kollege servieren Typisches aus ihrem Heimatland und anderen asiatischen Ländern, und diese Gerichte haben es in sich. Vor allem heben sie sich von dem, was in vielen anderen vergleichbaren Lokalen angeboten wird, deutlich durch die Qualität der verwendeten Produkte und noch mehr durch sehr unterschiedliche Zubereitungen und sorgfältiges Abschmecken ab. Alles ist individuell gewürzt, die Garzeiten stimmen auch beim Fisch. Das saftige Fischfilet à la Swe dürfte sogar das beste sein, das ich bisher in einem asiatischen Restaurant gegessen habe. Es wird mit vielen, weich gedünsteten Zwiebeln, Tomaten, frischem Koriander und dezent mit Curry und Ingwer abgeschmeckt serviert. Ebenso beeindruckend ist die pürierte Fischsuppe. Da sorgen die leichte Bindung mit geröstetem Reismehl und dezent eingesetztes Paprikapulver, Zitronengras und Knoblauch schon für eine geradezu

komplexe Aromatik, wie man sie auch bei der hausgemachten Erdnusssauce erleben kann. Die hatte genau die richtige Konsistenz für die dicke, zarte Entenbrust auf einem Bett aus knackigem Wokgemüse mit Möhren, Erbsenschoten, Brokkoli und Sojasprossen. Weder beim Rindfleisch mit Okra und Kichererbsen in mittelscharfer roter Currysauce noch bei den Vorspeisen zeigt die Küche Schwächen. Die sehr große Frühlingsrolle mit Gemüsefüllung ist ein gelungener Auftakt, die klare Won-ton-Suppe mit Hühnerbrühe und mit pikantem Schweinehack in den Nudeltäschchen oder die verschiedenen Salatvariationen – alles einwandfrei und sehr lecker. Den Garnelensalat mit immerhin fünf kurz sautierten Exemplaren, Pinienkernen, Kürbiskernen und leicht süßlicher Kokoscreme und den leicht warm temperierten Glasnudelsalat mit Kräutern und Gemüse kann ich dabei noch besonders empfehlen.

Wenn jetzt das gezapfte Kölsch nicht zu warm wäre – weshalb man besser auf das kalte Königspils aus der Flasche ausweichen sollte – und es den »Moselwein« auf der Karte tatsächlich gäbe, weil halbtrockener Riesling zu diesen Gerichten bestens passen würde, hätte ich an diesem in jeder Hinsicht angenehmen Lokal ja gar nichts gefunden, worüber ich ein bisschen mosern könnte.

Plomari

Sülzgürtel 96 / Ecke Zülpicher Straße
Telefon 44 86 89
www.plomari-koeln.de
Di – So 18 – 23 Uhr, Mo Ruhetag

Vorspeisen ab 2,90
Hauptgerichte ab 5,90
Ec-cash

Das kleine Ecklokal, das nach der Ortschaft Plomari auf der Insel Lesbos benannt ist, weil von dort ein beliebter Ouzo kommt, sieht zwar von außen eher unscheinbar aus, ist aber ein unvergleichlicher Hort griechischer Esskultur. Wula und Janni Tikalas servieren hier traditionelle griechische Spezialitäten aus allen Regionen ihres Landes, die man so nirgendwo anders in dieser Vielfalt und Qualität bekommt.

Es gibt keine Vorspeisen oder Hauptgerichte, sondern mehr als 60 verschiedene Mezedes, also kleine Portionen, die auf kleinen Tellern oder in Schüsselchen auf die Tische kommen – alles hausgemacht, immer frisch zubereitet und herzhaft gewürzt. Natürlich sind Zaziki, Bifteki und Moussaka auch dabei, aber noch vieles andere, was deutsche Gäste vermutlich noch nicht kennen werden. Dazu gehören zum Beispiel der gebackene Fetakäse im Sesammantel mit einer fruchtig-süßen Radicchio-Honigsauce, die pürierten Hülsenfrüchte von der Insel Santorini mit Olivenöl, Zitrone und Kapern und der leicht bittere, gedämpfte Löwenzahn, der sich gut als Beilage zu den Fisch- oder Oktopusgerichten eignet. Die immer sehr zarten Tintenfische gibt es in gleich drei Versionen: als frittierte Babycalamares, als längs halbierter Arm vom Oktopus, gegrillt und mit gerebelten Chiliflocken scharf abgeschmeckt, oder einfach mit Knoblauch

und Petersilie. Zusätzlich zu den Mezedes auf der Standard-
karte, von denen man je nach Appetit zum Sattwerden vier
bis fünf ansetzen kann, empfiehlt der sehr gastfreundliche
und nie um eine nette Anekdote verlegene Inhaber gerne
die neuesten Kreationen, die er und seine Frau zusätzlich
anbieten. Das können ein zartes, mit Aubergine und Kefalo-
tirikäse überbackenes Schweinefilet in Tomatensauce sein,
sanft geschmortes Fleisch vom Zicklein mit Oregano und
Kartoffeln oder Filets vom Katzenhai in Knoblauchsauce.

Viele der Desserts sind kleine Tortenstücke mit üppiger
Creme, Mandeln, Schokolade und Karamell, die Käseabtei-
lung beinhaltet sehr interessante Sorten jenseits vom Schafskäse, und bei den Weinen aus verschiedenen landestypischen Traubensorten darf man darüber staunen, wie viele
griechische Weine qualitativ problemlos internationale Stan-
dards erfüllen und außerdem wunderbar mit den Mezedes
harmonieren.

Ein gut gekühlter Plomari-Ouzo, den die Griechen selbst
übrigens als appetitanregenden Aperitif trinken, rundet das
Essen natürlich ab, der Mokka wird klassisch mitsamt dem
Kaffeepulver und Zucker über der offenen Gasflamme auf-
gekocht. Mehr Griechenland geht eigentlich nicht, jedenfalls
nicht in Deutschland.

Tre Santi

Kasparstraße 19
Telefon 732 53 56
Di – Sa 17 – 23 Uhr, So/Mo Ruhetag

Vorspeisen ab 8
Hauptgerichte ab 12
ausschließlich Barzahlung

Kaum ein anderes italienisches Lokal hat in meinem persönlichen Bekanntenkreis und unter den Lesern der Kolumne im Kölner Stadt-Anzeiger so viele und so kontroverse Diskussionen ausgelöst wie das Tre Santi. Entweder waren die Gäste von der Trattoria begeistert, oder sie fanden sie ziemlich daneben. Nicht nur deswegen, sondern weil mir der locker und im leicht berlinerisch freakigen Stil geführte Laden immer noch gut gefällt, bin ich zwischenzeitlich mehrfach wieder dort gewesen, und meine sehr positive Einstellung musste ich deswegen nicht ändern. Im Gegenteil: Seit Meike Sudahl, die zusammen mit ihrem Lebensgefährten Gabriele Pozzullo das Tre Santi führt, dort selbst kocht, ist die Qualität der Gerichte noch zuverlässiger geworden. Weiterhin gibt es viele Zubereitungen im ganz eigenen Stil italienischer Landküche, die man so in Köln sonst nirgends bekommt.

Die Vorspeisen wie der leicht geräucherte Büffelmozzarella mit sehr aromatischen getrockneten Tomaten aus Sizilien und Limonen-Olivenöl oder der dünne, mit erstklassigem San-Daniele-Schinken und geschmolzenem Mozzarella gefüllte Pfannkuchen kosteten allerdings genauso viel wie die Pastagerichte, die in großen Portionen schon allein sättigen würden und nicht nur deswegen preislich problemlos sind. Das waren mit einer Mischung aus Wolfsbarsch und

Zucchini gefüllte Paccheri unter einem Berg von Pfifferlingen und Spaghetti mit Meeresfrüchten – alles herzhaft und leicht pikant gewürzt. Ebenfalls sehr geschmackssicher zubereitet kamen die italienischen Bratwürste in einer Zwiebel-Feigensauce mit gebratener Polenta und gefüllter Aubergine auf den Teller. Auch der im Ganzen gebratene, saftige Wolfsbarsch mit vielen Kräutern, Kirschtomaten und Kichererbsensalat war tadellos.

Bleiben noch die Desserts: Die stimmig mit Orangen- und Zitronenschale gewürzte Panna cotta ist schlichtweg beispielhaft für diesen Klassiker, nach der hausgemachten Schokoladenrolle mit Walnuss- und Mandelstücken, deren Originalrezept von Pozzullos Mutter stammt, kommen einem die erstklassigen Grappe aus dem Friaul gerade recht.

Das Weinangebot ist immer noch ständig in Arbeit, die offenen Weine sind passabel, die Flaschenweine deutlich besser und teurer. An den Wänden des hohen Raumes hängen neuerdings viele Werke mit Graffitis des ehemaligen »Bananen-Sprayers«, und ab zehn Uhr darf geraucht werden. Das kann man dann auch in der gemütlichen Sofaecke tun, die ebenfalls ihren Teil zu diesem insgesamt liebenswert eigenwilligen Lokal mit seinem originell italienischen Kolorit beiträgt.

Gut und Gerne

A'petit

Hauffstraße 1
Telefon 16 84 91 68
www.restaurant-a-petit.de
Mo – Sa ab 17.30 Uhr, So ab 12 Uhr

Vorspeisen ab 4,90
Hauptgerichte ab 10,50
Ec-cash

Nicht mehr ganz neu, aber außer bei den Neu-Ehrenfeldern noch relativ unentdeckt, hat sich dieses kleine Restaurant schon seit mehr als einem Jahr in den Räumen des ehemaligen Weinlokals »Secco« erfolgreich etabliert; die generelle Qualität, das bemerkenswerte Preis-Leistungs-Verhältnis und das insgesamt sehr gastfreundliche Konzept lohnen durchaus die Anfahrt aus anderen Kölner Veedeln. Der Service ist sehr freundlich, auch wenn es manchmal etwas flotter zugehen könnte. Die Speisekarte ist so klein gehalten, dass alles frisch zubereitet werden kann, und das schmeckt man auch. Der kochende Besitzer Denny Sunarko und seine Frau Kerstin pflegen einen unprätentiösen, modernen Küchenstil, und selbst für Vegetarier ist was dabei – nicht nur Suppen wie die schön cremig-leichte Suppe von Roter Bete mit Pinienkernen und beigelegten Crostini mit Basilikum-Aufstrich. Üppiger wird es bei den hausgemachten Tortelli mit Steinpilzfüllung in dicker, mit frischem Kerbel gewürzter Sahnesauce, vor der man vielleicht als leichteren Kontrast den Wintersalat mit kurz gebratenen Pfifferlingen, Austernpilzen und Champignons nehmen sollte. Denn eine Vorspeise wie die gratinierten Jakobsmuscheln als Normalportion ist hier fast schon ein Hauptgericht: Die Gesamtvorstellung der perfekt gebratenen Jakobsmuscheln und Riesengarnelen litt

allerdings etwas unter den leicht mehligen Miesmuscheln und der etwas zu suppig geratenen Hummersauce mit aromatischem Blattspinat. Mehr gibt's eigentlich nicht zu bemängeln, im Gegenteil: Die zwei Wolfsbarschfilets zum Risotto, dem etwas Ziegenkäse ungewöhnliche Würze gab, mit sehr leckerem Mangold sind ein Paradebeispiel für zeitgemäßes Kochen und klare Dramaturgie auf dem Teller, ebenso wie die fleischige Barbarie-Entenbrust: Die war perfekt rosa gebraten, zart und saftig; dazu gibt es Schupfnudeln mit Walnüssen, gedünsteten Spitzkohl mit Vanille und eine aromatische Cognacrahmsauce, die das Ganze harmonisch abrundet.

Was Sie bei diesem Gericht im Vergleich zu anderen Lokalen sparen, können Sie gleich wieder bei den hochkarätigen Weinen anlegen, selbst wenn diese etwas teurer sind als die normalen: Aber ein fruchtig ausbalancierter Ahr-Spätburgunder von Nelles passt zu dieser Zubereitung einfach zu gut. Noch eine empfehlenswerte Kombination wäre der sehr süffige Nahe-Riesling von Dr. Tesch mit den Tortelli in einem Butter-Sud, bestreut mit feinen Panchetta- und Zwiebelstückchen sowie frischem Basilikum. Wegen der wenigen Tische sollten Sie das »A'petit« aber lieber nicht ohne Reservierung besuchen.

Balthasar

Klettenberggürtel 15
Telefon 430 64 40
www.balthasar-ristorante.de
Mo – Fr 18 – 1 Uhr, Sa 9 – 22 Uhr, So 10 – 1 Uhr

Vorspeisen ab 7,80
Hauptgerichte ab 11,80
Menüs: 3 Gänge ab 29,50
Visa, MasterCard, Ec-cash

Die Besitzverhältnisse haben sich geändert, und einen neuen Chefkoch gibt es auch, aber für die Gäste ist eigentlich alles beim Alten geblieben. Das Balthasar steht nach wie vor für seine selbst formulierte »New Italian Classic Cuisine«, was allerdings auch in der wörtlichen Übersetzung inhaltlich nicht viel weiterhilft. Dahinter steckt ein abwechslungsreicher, weitgehend gesamt-italienisch orientierter Küchenstil, den die Köche immer wieder um Ideen aus asiatischen Kochtraditionen erweitern. Das gelingt ihnen oft überraschend gut und wirkt, besonders bei den Vorspeisen, gar nicht so fremd, wie es sich zunächst anhört. Das Carpaccio vom sehr frischen Kabeljau auf sehr fein pürierten Oliven in Sesammarinade mit einer knusprigen Frühlingsrolle mit Garnelenfüllung und leicht pikantem Glasnudelsalat war so eine Kombination, die in sich absolut stimmig zubereitet ist. Klassischer angelegt, aber genauso gut war das einwandfreie Rotbarbenfilet mit sehr zarten, hauchdünnen Scheibchen vom Oktopus in Olivenöl. Bei den Hauptgerichten gehen die Köche nicht immer ganz so präzise vor. Da kann es schon mal passieren, dass der mit Erbsen und in Streifen geschnittenen Kaiserschoten gemischte Risotto zu kernig gerät und den Genuss der vorzüglichen Kaninchenroulade etwas beeinträchtigt. Das sind aber eher von der Tagesform

abhängige kleine Schwächen, die bei den Pastagerichten eigentlich nicht vorkommen. Die hausgemachten Ravioli mit einer Füllung aus provençalischem Gemüse und rosa gebratenen Lachsfilets waren jedenfalls einwandfrei.

Das Angebot der beiden Drei-Gänge-Menüs, die man sich aus der kompletten Speisekarte selbst zusammenstellen kann, ist ein sparfreundliches Modell, das man durchaus auch anderen Gastronomen empfehlen könnte. Das bei diesen Varianten gesparte Geld werden Sie allerdings bei den zweifellos guten Weinen, egal ob offen ausgeschenkt oder als Flasche, schnell wieder los, deren Preise doch etwas forsch kalkuliert sind. Wenn man allerdings den flotten und auch bei vollem Lokal immer freundlichen Service in die Rechnung einbezieht, das sehr aromatische Olivenöl und das wirklich erstklassige Weißbrot mit seiner dicken Kruste zu Beginn, dann macht das diesen Nachteil eigentlich schon fast wieder wett.

Basilicum

Am Weidenbach 33
Telefon 32 35 55
www.basilicum.org
Mo – Sa ab 18.30 Uhr, So Ruhetag

Vorspeisen ab 9
Hauptgerichte ab 18,50
Menüs: 3 – 4 Gänge ab 30
Visa, MasterCard, American Express, Ec-cash

Kein Zweifel: Das kleine, bistroartige Restaurant mit der gemütlichen Terrasse im Hinterhof hat sich in den zwei Jahren seines Bestehens zu einem der besten Szenerestaurants der Stadt entwickelt. Doreen Lehwald, die früher im Bagutta kochte, hat ihren ganz eigenen souveränen Stil gefunden und bereitet durchweg interessante, einfallsreiche Gerichte aus guten Produkten zu, die sich weitgehend der Kategorie »modern deutsch« zuordnen lassen.

Eine Vorspeise wie die Terrine von der Wachtel mit rosa gegarten Bruststücken, getrockneten Tomaten, Pistazien und Morcheln darin kombiniert sie locker und stimmig mit dem gebratenen Keulchen in ihrer kräftigen Bratensauce und einem leicht süßen Rosinenkompott. Ebenso originell wie passend harmoniert das Carpaccio vom Semmelknödel mit dem kleinen Salat, gerösteten Kürbiskernen und einer Vinaigrette aus Kürbiskernöl.

Auch bei den Hauptgängen stimmt alles, weil die Köchin immer sehr sorgfältig und präzise vorgeht, obwohl sie ohne zusätzliche Küchenhilfe auskommt. Der Kaninchenrücken bleibt zart und saftig, weil er dünn mit Schinken umwickelt ist, der wiederum mit seinem würzigen Geschmack einen schönen Kontrast zum erfrischend mit Minze und Zitrone abgeschmeckten Couscous liefert. Die dicke, sehr saftige

Entenbrust mit dezent aromatisierter Trüffelsauce lag auf einem herzhaften Gröstl aus Artischocken und kleinen Kartoffelbratlingen, der erstklassige Heilbutt würde problemlos auch in gehobeneren Restaurants eine gute Figur machen: Das Filet war mit kleinen Scampi gratiniert und mit frischem Koriander gewürzt, dazu gab es gedünstetes Mangoldgemüse.

Auch die Desserts verdienen durchweg Lob, gerade weil viele Restaurants in dieser Preisklasse oft leider genau in dieser Sparte schwächeln. Aber Parfait von weißer Schokolade mit filetierter Orange und Grapefruit oder die sehr cremige Panna cotta vom Joghurt mit Rhabarberkompott ließen keine Wünsche mehr offen.

Kurt Öhler, der früher einige Jahre im Amabile gearbeitet hat, sorgt im Service umsichtig und freundlich für die Gäste und ist auch für die passenden Weine zuständig, die auf der kompetent zusammengestellten Weinkarte stehen. All das zusammen in Verbindung mit der sehr angenehmen Atmosphäre macht das Basilicum zu einer verlässlichen Adresse für jede Gelegenheit, wenn man einfach gut essen gehen will, ohne seinen Etat allzu sehr zu strapazieren.

Bosporus

Weidengasse 36
Telefon 12 52 65
www.bosporus.de
Mo – Sa 12 – 24 Uhr, So 18 – 24 Uhr

Vorspeisen ab 5,50
Hauptgerichte ab 15
Menüs: 3 Gänge ab 28,50
Visa, MasterCard, American Express, Diners Club, Ec-cash

Dass es generell ein Fehler ist, die türkische Küche auf billige Dönerbuden zu reduzieren, wie sie in Köln und anderen Großstädten so oft vorkommen, merkt man gleich, wenn man das Bosporus betritt. Das ist ein seit 25 Jahren existierendes großes, gepflegtes Restaurant mit weiß eingedeckten Tischen, typisch bunt ornamentierten, beleuchteten Glasflächen an der Decke, Kronleuchtern und entspannt gastfreundlicher Atmosphäre, in dem außerdem auch noch gut gekocht wird.

Schon bei den Vorspeisen-Tellern zeigt sich, wie lecker türkische Spezialitäten sein können, wenn sie sorgfältig zubereitet und gewürzt sind. Das gilt für das cremige Kichererbsenmus und die Hühnerpaste mit Walnüssen, aber besonders für den deutlich mit Zitrone abgeschmeckten Auberginensalat und die gewürfelten Paprikaschoten mit Tomatenmark und Pul Biber, den türkischen Paprikaflocken, die eine ganz eigene pikante Aromatik haben, die sie deutlich von Chili unterscheidet. Zu den warmen Vorspeisen zählen goldbraun gebratene Auberginenscheiben, mit Schafskäse gefüllter Blätterteig (Börek) in Zigarrenform, scharfe Lammhackbällchen, Schinken vom Rind mit Kichererbsen in Tomatensauce und sehr zarte Lammleberwürfel, paniert gebraten.

Bei den Hauptspeisen waren nur die Schwertfischfilets zum gemischten Gemüse und Reis zu trocken geraten und als Gericht nicht so interessant wie die groß portionierten Fleischteller, die durchweg auch mit guter Produktqualität beeindruckten. Als Ofengericht gibt es in saftige Auberginenscheiben eingewickelte geschmorte Lammkeule, aus der Pfanne scharfes und mit Kreuzkümmel gewürztes Rinderhackfleisch am Spieß mit einer feinen Kräuterjoghurtsauce auf geschnittenem Fladenbrot und ein Gericht, das ich bisher überhaupt noch nicht kannte: Lammfleischstreifen mit Joghurt, Dill, Pinienkernen, Rosinen und Zwiebeln in eine Crêpe eingeschlagen – ungewöhnlich und sehr empfehlenswert.

Die Weinauswahl übernahm der Kellner ohne Umschweife selbst, und auch wenn er die Frage nach den Traubensorten nur mit »aus echten Traubenreben« beantwortete, lag er mit seiner Empfehlung goldrichtig. Ein ordentlicher, frischsüffiger Weißwein namens Cankaya aus Ostanatolien zum Auftakt und ein geschmeidiger, kräftiger Yakut Rubin machen den insgesamt sehr angenehmen Ausflug in die kulinarische Türkei komplett.

Daitokai

Kattenbug 2
Telefon 12 00 48
www.daitokai.de
Di – So 18 – 24 Uhr, Fr – So 12 – 15 Uhr, Mo Ruhetag

Vorspeisen ab 4
Hauptgerichte ab 15
Menüs: 6 Gänge ab 51 (mittags 5 G. ab 27,50)
Visa, MasterCard, American Express, Diners Club, Ec-cash

Teppan-Yaki heißt eine in Japan beliebte Form von Restaurantküche, die aber von japanischen Auswanderern in den USA vor Heimweh erfunden wurde. Übersetzt bedeutet das »heißer Tisch«, und an einem solchen bereiten die Köche das Essen für die um den Tisch herum sitzenden Gäste zu. Das ganz in dunklem Holz gehaltene Daitokai pflegt diese Art des Kochens in Köln schon seit 30 Jahren. Die zum Teil in traditionelle Kimonos gekleideten japanischen Kellnerinnen sind ebenso höflich wie freundlich, und was die sehr geübten, jungen Köche mit ihren scharfen Messern und sonstigen Utensilien veranstalten, ist einfach großes Kino. Der Spaß kostet zwar einiges, aber wegen der gelungenen Koch-Show und der hohen Qualität der sehr frischen Produkte muss man mit der Gesamtrechnung eigentlich nicht hadern. Besonders nicht beim 30-Jahre-Jubiläumsmenü in vier Gängen, das nach einer Fischfrikadelle als Appetithappen mit einem sehr gelungenen Oshi-Sushi beginnt: Das ist gegrillter, mit dunkler Sojasauce gewürzter Aal auf Reis mit hauchdünnen Omelett-Streifen. Danach eine Kombination aus halbem Hummer, Jakobsmuschel-Garnelen-Pastete und Champignons und dazu eine leicht scharfe Sauce américaine, die der Koch mit einer Palette durch geschicktes Hin- und Herwenden auf die richtige Konsistenz reduzierte. Als

Zwischengang gab es sehr zarte Gänsebrustscheiben mit einem Salat aus Chinakohl, japanischem Rettich und roten Zwiebeln und einem Sorbet von der Yuzu-Zitrone, deren kräftig-bitteres Aroma perfekt von der darunterliegenden Süße abgefedert wurde. Überhaupt schmecken die Köche hier so sorgfältig mit den unterschiedlichen Sojasaucen, Szechuan-Pfeffer und anderen Gewürzen ab, dass man nie nachwürzen muss. Attraktion des Hauptgangs war das kurz gebratene und in Scheiben geschnittene Steak vom sehr saftigen Wagyu-Rind mit einer ausbalancierten Bratensauce, frischen Edelpilzen und japanischen Nudeln.

Das flambierte Eis zum Dessert ist abseits des Flammenspektakels nicht weiter der Rede wert, außer dass die Köche auch danach die Platte so schnell sauberwienern, dass meine Frau vorschlug, einen von ihnen mit nach Hause zu nehmen. Da hatte sie aber schon nach Pflaumenlikör zum Aperitif und halbtrockenem Saarwein zum Hummer auch noch ein Gläschen von dem sehr geschmeidigen, in Zedernholz gelagerten Sake getrunken. Daneben gibt es noch eine kleine, sehr kundig zusammengestellte Weinkarte und Reisschnaps als Digestif. Man kann hier also einen sehr vergnüglichen Abend verbringen, auch ohne japanisches Heimweh.

Das Fachwerkhaus

Im Burggraben 37, 51429 Bergisch Gladbach
Telefon 02204-54 911
www.dasfachwerkhaus.de
Mi – So 12 – 14 und 18.30 – 22 Uhr, Mo/Di Ruhetag

Vorspeisen ab 12,50
Hauptgerichte ab 22
Mittagsmenü mit 4 Gängen ab 33
Visa, MasterCard, American Express, Ec-cash

Seit mehr als 25 Jahren führt das Ehepaar Rita und Toni Richerzhagen nun schon dieses familiär-gemütliche Fachwerkhäuschen, das bereits zu den allerbesten Adressen der Stadt gehörte, als es die beiden 3-Sterne-Restaurants der Althoff-Hotels noch gar nicht gab. Richerzhagen lässt seinem Faible für italienische Küche weiterhin freien Lauf, ohne dabei seine Lust an rheinisch-bergisch orientierten Gerichten zu verlieren; mitunter wird auch beides fröhlich gemischt. Es existiert zwar eine (kleine) Speisekarte, aber wenn die gut gelaunte Rita Richerzhagen persönlich am Tisch erzählt, was es heute außerdem noch alles gibt, kommt man kaum daran vorbei, genau das zu bestellen. Ihrem zustimmenden Nicken, das dem Gast signalisiert, bei der Bestellung alles richtig gemacht zu haben, folgt die Bestätigung auf dem Teller. Natürlich sind einige Klassiker des Hauses dabei, wie zum Beispiel das in dünne Scheiben geschnittene, gepökelte Hämchen mit dezenter Graupenvinaigrette und frisch geriebenem Meerrettich. Weitere Delikatessen schließen sich an, wie der dicke, knusprige Reibekuchen mit sehr aromatischem Tatar vom italienischen Fassone-Kalb und gebratenen Steinpilzen oder das Vitello Tonnato mit saftig-zartem Fleisch vom selben Tier mit separat gereichten Kapernäpfeln. Selbst die kleinen Beilagen-Salate sind so

knackig frisch und passend abgeschmeckt, dass man sie einfach nicht liegen lassen kann. Eine Vorspeise wie die Roulade vom Räucherfisch aus luftiger, von Lachs ummantelter Mousse mit einem Streifen vom Aal darin setzt dann schon sehr gehobene Gourmetakzente, ebenso wie das sehr dicke und kross auf der Haut gebratene Zanderfilet auf einem umwerfend leckeren, warmen Kartoffelsalat mit Sauerkraut. Die große, auf den Punkt gegarte Lammhaxe in einer kräftigen dunklen Rotweinsauce mit einer gehörigen Portion erstklassigen Kartoffelpürees hätte fast endgültig meine Dessertbestellung verhindert – aber glücklicherweise eben nur fast. Denn so einen warmen Mohnkuchen mit üppiger Orangenbutter bekommt man nur sehr selten, und auch das Pflaumenkompott mit Orangenfilets zum sehr cremigen Zimtparfait macht Richerzhagen selbst in der Kölner Gastronomie so schnell keiner nach.

Auf der international zusammengestellten Weinkarte stehen teure Flaschen neben preiswerten, wobei einige Weine großzügig nach Verbrauch abgerechnet oder gleich glasweise serviert werden. Service und Atmosphäre sind durchweg gut und die eigene Stimmung am Ende des Abends auch.

Die Zeit der Kirschen

Venloer Straße 399
Telefon 9 54 19 06
www.dzdk.de
Mo – Fr 9 – 1 Uhr, Sa 17 – 1 Uhr, So 11 – 24 Uhr

Vorspeisen ab 7,50
Hauptgerichte ab 10,50
Menüs: 3 Gänge ab 28,50
Ec-cash

Im Sommer geht an der lauschig begrünten Gartenterrasse
mit dem alten Ehrenfelder Wahrzeichen Osram-Leuchtturm
in Sichtweite eigentlich kein Weg vorbei – das ist einer der
schönsten Orte in der Kölner Gastronomie und eine regel-
rechte Oase, wenn es draußen heiß ist. Die Gerichte sind
dann der Jahreszeit angepasst, entsprechen aber immer
dem generellen Stil, der dieses Allroundrestaurant mit preis-
wertem Mittagstisch und nachmittags gutem Kuchenange-
bot zum beliebtesten Lokal von Ehrenfeld gemacht hat. Uwe
Hammes, der als einer der Besitzer zusammen mit Küchenchef Peter Humann die kulinarische Richtung vorgibt, hat
ein Faible für französische Landküche und Humann eins für
ungewöhnliche Kombinationen auf dem Teller, gerne auch
mit asiatischem Einschlag. Das ergibt insgesamt eine Mischung aus klassischen Zubereitungen und Cross-over-
Gerichten, bei der jeder Gast je nach Vorliebe fündig werden
müsste.

   Auf den Teller kommen als Vorspeisen dann dement-
sprechend etwa eine zweistöckige Mousse von Estragon-To-
matengelee mit Rucola, ausgebackene Thai-Krebsbratlinge
mit hausgemachter Paprika-Ingwer-Marmelade oder eine
schön würzige Morcilla (spanische Blutwurst) mit Salat von
Staudensellerie, Pinienkernen und schwarzen Kirschen. Es

gibt immer eine leckere Cremesuppe und natürlich die schüsselartigen Salatteller, die in riesigen Portionen von groß geschnittenen Ananas, Melone, Tomaten und verschiedenen Salatsorten bestätigen, dass wir Deutschen die Einzigen in Europa sind, die auch von Salaten allein satt werden wollen. Wenn das Confit von Geflügelherzen und -mägen oder eine der verschiedenen Zubereitungen vom Kalbsherz auf der Karte stehen, nutzen Sie ruhig die Gelegenheit: Das sind bemerkenswerte Spezialitäten, die man eigentlich nur in Süddeutschland oder in Frankreich auf dem Land bekommt und die hier genauso gut zubereitet werden.

Die meist üppigen Desserts wie den warmen Kirschstrudel mit Mandeleis und Vanillesauce schafft man nach den großen Portionen vorher eigentlich nur noch zu zweit.

In den kälteren Jahreszeiten ersetzen der ganz in hellem Holz gehaltene Gastraum mit dicht gehängten Original-Kunstwerken und die gemütliche Lounge mit den Korbsesseln die Gartenterrasse, den freundlichen Service gibt es immer. So wie auch die trinkfreundlich kalkulierte Weinkarte mit einwandfreien Weinen aus Deutschland und Europa.

Elia

Bachemer Straße 236
Telefon 43 42 19
Di – So 18 – 23 Uhr, Mo Ruhetag

Vorspeisen ab 9
Hauptgerichte ab 16,50
Menüs: 3 Gänge ab 30
Ec-cash

Als Alexis Grigoriadis zusammen mit seinen Eltern aus der ehemaligen Taverne Sokrates das heutige Elia (griechisch für Olivenbaum) machte, war das zunächst kein geringes Wagnis. Zu viele Deutsche und nicht wenige der ehemaligen Lindenthaler Stammgäste wollen in griechischen Lokalen eben immer noch lieber die üblichen Grillteller, Zaziki, Gyros und Souvlaki bekommen als anspruchsvolle und moderne griechische Gerichte, die geschmacklich weit mehr zu bieten haben als die eindimensionale Touristenküche, wie man sie aus den griechischen Zentren des Massentourismus kennt. Die gibt es nun in dem kleinen, puristisch mit einfachen Designer-Möbeln eingerichteten Raum mit den stimmungsvoll gesetzten Lampen nicht mehr: Heute ist das Elia ein in Köln konkurrenzloses Paradebeispiel dafür, wie die griechische Moderne kulinarisch aussehen kann, und glücklicherweise gibt es genug neugierige Gäste, die das inzwischen sehr zu schätzen wissen.

Trotz der kleinen Speisekarte fällt mir die Auswahl immer schwer, weil ich am liebsten alles probieren würde, was Grigoriadis' Mutter nach wie vor alleine in der Küche immer frisch zubereitet, wobei hochwertige griechische Produkte nie zu kurz kommen. Bei den Vorspeisen könnten das zum Beispiel der in dünner Panade gebratene milde Haloumi-

Käse zu gegrilltem Gemüse sein oder ein ähnlich wie eine spanische Tortilla zubereiteter, warmer Kuchen aus Feta, Lauch und durchwachsenem Speck mit erfrischendem Joghurt. Selbst ein Blattsalat wird mit mildem Ziegenkäse, Apfelstückchen, Walnüssen und lauwarmer Feigen-Vinaigrette zu einer kleinen Delikatesse, ebenso wie der zarte Oktopus mit Tubaretti-Nudeln in roter Mavrodaphne-Weinsauce. Geschmackspuristen dürften mit dem am Knochen perfekt gegarten Lammcarré glücklich werden, das mit nichts weiter als einer sehr leckeren Creme aus Auberginen und Kartoffeln auf dem Teller liegt.

Höhepunkt bei den oft originellen Desserts war ein warmer, kegelförmiger Schokoladenbiskuit, außen knusprig und innen flüssig – eine Offenbarung in Sachen edler Schokolade.

Dazu führt Grigoriadis vor, dass so manche Weine griechischer Winzer inzwischen international absolut konkurrenzfähig sind, und sorgt in jeder Hinsicht dafür, dass die Gäste sich immer entspannt wohlfühlen können. Und da der unternehmungslustige Grieche noch viele Ideen für die Zukunft hat, darf man die weiteren Entwicklungen hier mit Spannung verfolgen.

Em ahle Kohberg

Ostmerheimer Straße 455
Telefon 69 25 25
www.ahlekohberg.de
Di – So 12 – 1 Uhr, Mo Ruhetag

Vorspeisen ab 5,50
Hauptgerichte ab 9,70
Menüs: 4 – 5 Gänge 30
Visa, MasterCard, Ec-cash

Ein Besuch dieses historischen Gasthauses in Merheim gehört zweifellos zu den schönsten kulinarischen Kurzausflügen in Köln. Das liebevoll restaurierte Fachwerkhaus, Teil einer geradezu ländlichen Idylle gegenüber der Kirche mit grünen Pferdeweiden davor, ist auch im Winter atmosphärisch kaum zu überbieten, aber im Sommer besonders reizvoll. Dann ist der große Biergarten mit der prächtigen Linde perfekt geeignet für pure Urlaubsmomente. Denn dort auf dem Hügel des »alten Kuhbergs«, wo früher die Bauern und Viehtreiber nach dem Viehmarkt ihre Geschäfte noch mit Handschlag und einem ordentlichen Schoppen besiegelten, bewirten heute Ulla und Lothar Weber ihre Gäste, und das tun sie mit moderner Gasthausküche, wie sie im Buche steht – und daher auch in diesem.

Weber ist ein klassischer Koch alter Schule, der mit tadellosen Produkten ohne überflüssigen Firlefanz kocht und sein Handwerk wirklich versteht, weswegen hier tatsächlich immer alles gut schmeckt. Dabei liegen die durchschnittlichen Preise kaum höher als etwa im Vergleich die der Kölner Brauhäuser, die generelle Qualität der Klassiker wie Trilogie vom erstklassigen Matjes mit frischen grünen Bohnen und knusprigen Bratkartoffeln oder Himmel un Äd mit hervorragender Blutwurst, sanft geschmorten Äpfeln, gebräunten

Zwiebeln und feinem Kartoffelpüree allerdings weit darüber. Die Salate zu hausgemachter Entenlebermousse, Landpastete mit Cumberlandsauce oder zum gebackenen Ziegenkäse sind immer knackig frisch, die Vinaigrette wird separat zum Selberportionieren im kleinen Schüsselchen gereicht. Rumpsteak mit üppiger original Sauce béarnaise oder Fische wie Zander in Beurre blanc mit Risotto erfüllen problemlos gehobene Ansprüche, und die klaren Suppen und Consommés mit verschiedenen Einlagen lohnen sich immer, genauso wie die Desserts von Mousse au chocolat über Tiramisu bis zu den Topfenknödeln.

Dazu gibt es eine kleine Weinkarte mit sorgfältig ausgesuchten Weinen, der Service läuft auch auf Hochtouren ziemlich rund. Die Tische im Biergarten kann man allerdings nicht reservieren, sodass es besonders an Wochenenden zeitweise eng werden kann, weil die Merheimer natürlich schon lange wissen, was sie an ihrem Gasthaus auf dem Kuhberg haben. Aber immerhin ist es ja durchgehend geöffnet.

Engler's

Benesisstraße 57
Telefon 99 06 041
www.englerskoeln.de
Di – Sa 12 – 15.30 und 18 – 23 Uhr, So/Mo/Feiertag Ruhetag

Vorspeisen ab 5
Hauptgerichte ab 12
Mittagsmenü mit 2 Gängen ab 14
Visa, MasterCard, Ec-cash

Der Name ist ebenso unscheinbar wie das schmale Restaurant, an dem man schon mal aus Versehen vorbeilaufen kann, selbst wenn man weiß, wo es ist. Aber das kleine, gemütliche Lokal mit dem Holzboden, den schwarzen Lederstühlen und den großen runden Lampen hat es in sich. Melanie Engler, Tochter einer Italienerin und eines Deutschen, führt das Restaurant mit ihrem Mann und Küchenchef Bruno Pini, der Onkel hilft im Service – ein waschechter und sehr gastfreundlicher Familienbetrieb also, mit allen Vorzügen, die ein modernes Großstadtlokal ausmachen, in dem man auch noch zu sehr moderaten Preisen hervorragend isst. Auf den von Hand beschriebenen Schiefertafeln stehen viele italienische Gerichte, bei denen Pini praktisch die kulinarische Landkarte von Norditalien bis nach Sizilien entlangkocht, es gibt aber auch moderne Gasthausgerichte, die deutsch-international angelegt sind. Alles wird mit einwandfrei frischen Produkten fast schon liebevoll sorgfältig zubereitet, absolut präzise abgeschmeckt und unprätentiös auf weißem Porzellan angerichtet. Schon die italienischen Klassiker liegen deutlich über dem Durchschnitt der meisten italienischen Restaurants in Köln. Das Vitello Tonnato mit zartem Kalbfleisch, einer mit Thunfisch gefüllten Salatschnecke und cremiger Thunfischsauce, das Lammragout

mit Tagliatelle und der superbe Steinpilzrisotto mit hohem Pilzanteil sind eine Klasse für sich, und die dicken, superzarten Oktopusarme vom Grill mit Zitrone, Knoblauch und Petersilie können schlichtweg nicht besser zubereitet werden. Dann noch die Spezialitäten für Kenner: die knackig-saftigen Kalbsnieren auf venezianische Art, also mit Weißwein und vielen Zwiebeln zum exzellenten Kartoffelpüree, und das Blanquette vom Kalb, wunderbares Fleisch von der Kalbsnuss in einer hellen, leicht gebundenen Sauce mit feiner Essignote von den knackigen Perlzwiebeln neben Champignons und Möhren – klasse. Die Portionen sind oft ziemlich groß, wie bei den perfekt gebratenen Filets von wilder Dorade auf sizilianischem Auberginengemüse und Tomatenpesto, und wenn Pini das Durcheinander von Grünkohl und Kartoffeln mit französischer Mettwurst auf der Karte hat, bestellen Sie das unbedingt. Die grobe, hervorragend gewürzte und leicht geräucherte, in Scheiben angebratene Wurst ist eine Sensation.

Auf der sehr kompetent zusammengestellten Weinkarte stehen gute Flaschen schon ab 22 Euro, die problemlos mit der Qualität des Essens mithalten können. Das alles zusammen macht das Engler's zu einem der empfehlenswertesten Restaurants der Stadt.

Essers Gasthaus

Ottostraße 72
Telefon 42 59 54
www.essers-gasthaus.com
täglich ab 17.30 Uhr

Vorspeisen ab 3,50
Hauptgerichte ab 7,50
Ec-cash

Leider gibt es das beste Original Wiener Schnitzel der Stadt nur sonntags. In Butterschmalz gebraten, mit perfekt gewellter Panade um das dünne Kalbfleisch und je nach Vorliebe entweder mit einem Kartoffel-Gurkensalat oder einem steirischen Bauernsalat angerichtet, der zusätzlich aus Käferbohnen, Zwiebeln, Paprika und steirischem Kürbiskernöl besteht, gibt Küchenchef Andreas Essers dem österreichischen Nationalgericht damit alle Ehre, die es verdient (und die ihm in den meisten anderen Gaststätten eben nicht zuteil wird). Aber auch an den Wochentagen lohnt sich der Besuch, denn Essers' Qualitätsansprüche bei der Produktauswahl und Zubereitung beschränken sich nicht nur auf das Schnitzel.

Neben modernisierten Gasthausgerichten wie Eifeler Kaninchenkeule mit Kohlrabi, Lammfrikadellen mit Couscous, Maischolle mit Kartoffeln und Salat oder den wechselnden Pastagerichten, alles immer frisch und gekonnt zubereitet, stehen auf der Karte noch eine ganze Reihe von Spezialitäten mit Produkten aus der Steiermark. Das liegt wiederum an der immer gut gelaunten Iris Giessauf, die aus dieser Region stammt und mit ihrem herzlichen Charme der gesamten, sehr gastfreundlichen Atmosphäre unverkennbar ihren Stempel aufdrückt.

Schon die Vorspeisenplatte mit Verhackert, einem Schmalz aus geräuchertem Schweinefleisch, Sülze vom Schweinskopf und rohem Vulcanoschinken ist eine echte Brotzeit wie im Alpenland, das zarte gekochte Rindfleisch in seiner eigenen, klaren Brühe mit Kartoffeln und Gemüse sowie frisch geriebenem Meerrettich stellt fast jeden deutschen Eintopf in den Schatten. Die frische Forelle zum Tomatensalat wird in Maismehl gebraten, was sie saftig hält und die Haut besonders knusprig macht, und das kernige, von Fettgewebe durchzogene Entrecôte vom steirischen Almochsen ist eine Klasse für sich.

Wenn Sie bei den Vorspeisen nur die kleinen Portionen bestellen, dann schaffen Sie auch noch die Desserts. Nach Palatschinken mit Marillenkompott oder üppigen Topfenknödeln lassen Sie sich am besten gleich noch von der Wirtin einen der erstklassigen Obstschnäpse aus ihrer Heimat empfehlen.

Iris Giessauf ist zusammen mit ihrem Lebensgefährten auch für die hervorragende Weinauswahl aus Deutschland und Österreich zuständig, die preislich so trinkfreundlich kalkuliert ist, dass ich dieses einmalige Gasthaus mit allerhöchstem Wohlfühlfaktor niemals mit dem Auto ansteuern würde.

Etrusca

Zülpicher Straße 27
Telefon 24 03 900
www.ristorante-etrusca.de
täglich 11.30 – 15 Uhr und 17.30 – 23 Uhr

Vorspeisen ab 10
Hauptgerichte ab 19
Menüs: 3 – 4 Gänge ab 35
Visa, MasterCard, American Express, Diners Club, Ec-cash

Das ist schon ein Kontrast zu den üblichen Szenelokalen des Kwartier Lateng: weiß eingedeckte Tische mit Weingläsern, schmiedeeiserne Kronleuchter und Stühle aus demselben Metall, die aber erstaunlicherweise trotzdem gemütlich sind, sowie Weinregale, in denen überdurchschnittlich gute und trotzdem – zum Teil – noch erschwingliche Flaschen aus unterschiedlichen Regionen Italiens liegen. Dennoch geht es hinter der schweren, eisernen Eingangstür gleich ziemlich locker und sehr freundlich zu, wenn Signora Padiglia und ihr Sohn nicht nur die Stammgäste geradezu herzlich begrüßen. Auf der täglich aktualisierten Tafel mit den Speisen, die an die Tische gerollt wird, stehen sardische Spezialitäten und andere norditalienische Klassiker zu angemessenen Preisen, die durchweg frisch, sorgfältig und schnörkellos zubereitet werden. Das Olivenöl und der zwölf Jahre alte Balsamico zum knusprigen Brot sind erstklassig und die superzarten, gebratenen Sepiatuben mit knackig-frischem Salat ein sehr erfreulicher Auftakt bei den Vorspeisen.

Durchweg gut und immer einwandfrei al dente sind alle Pasta-Varianten: die Gnocchetti sardi mit kräftiger Tomatensauce und italienischer Bratwurst, ebenso die dicken Tortelloni mit Wildschweinragout, die problemlos als Hauptgericht durchgehen würden. Sehr üppig auch die aromatischen

Steinpilze in dicker Sahnesauce zu gefüllten Ravioli in dünnem Nudelteig, bei den Vongole dagegen ein leichter Weißweinsud mit Tomatenwürfeln zu den vielen zarten Muscheln. Zu den Hauptgerichten gibt es oft gutes Kartoffelpüree, etwa zum auf der Haut gebratenen Filet vom Seewolf aus Wildfang in Weißweinbuttersauce neben präzise gegartem Gemüse. Oder zum erstklassigen Rumpsteak, nach toskanischer Art in Scheiben geschnitten und mit Rucola, gehobeltem Parmesan und ein paar Tropfen Balsamico abgedeckt. Das ging mit dem geschmeidigen Rosso aus Sangiovese, Merlot und Cabernet vom renommierten Brunello-Weingut Altesino eine hinreißende geschmackliche Symbiose ein, die man nur ganz selten erleben kann. Überhaupt stimmen die Weinempfehlungen immer, wie auch der offen großzügig eingeschenkte Vermentino oder der barriquegereifte weiße Boghes, der grandios das saftige Spanferkelcarré abrundete.

Die feinporig schaumige Zabaione ist trotz der überflüssigen Vanilleeiskugel einen Versuch wert und das hausgemachte Tiramisu ebenfalls.

Fertig

Bonner Straße 26
Telefon 80 17 340
täglich ab 17 Uhr

Vorspeisen ab 5
Hauptgerichte ab 14
ausschließlich Barzahlung

Auf die Angabe der Telefonnummer hätte man in diesem
Fall eigentlich verzichten können, denn Tischreservierungen
nimmt diese typisch kölsche Eckkneipe nicht entgegen. Das
kann an Wochenenden, wenn der Andrang besonders groß
ist, schon mal zu Wartezeiten führen, die mancher Stamm-
gast allerdings mühelos an der Theke mit frisch gezapftem
Reissdorf Kölsch übersteht. Dass diese auch innen noch wie
eine Gaststätte aus den Nachkriegsjahren eingerichtete Tra-
ditionskneipe mit einigen Biergartentischen vor der Tür so
beliebt ist, hat allerdings gute Gründe. Inhaber Ingo Fertig
und sein marokkanischer Koch servieren eine ungewöhnliche Mischung aus gutbürgerlich deutscher und französischer Küche, die man in dieser Qualität leider nur selten bekommt. Besonders die Fans französischer Spezialitäten
dürften ins Schwelgen geraten, wenn sie etwa die auf den
Punkt gegarten Entenmägen mit marinierter roter Bete und
den zarten Blättern vom selben Gemüse in einer leicht
sämigen Vinaigrette bekommen – eine Delikatesse für Kenner, ebenso wie die Morteau, eine grobkörnige, leicht geräucherte Mettwurst aus den französischen Alpen mit Linsen-
gemüse und herzhafter Senfsauce dazu oder die perfekt
rosa gebratene Kalbsniere mit sehr gutem Kartoffelpüree.
Die französische Variante des Himmel un Äd – im Brickteig

gebackene Blutwurst mit schön bissfest gedünsteten Apfel-
schnitzen – liegt weit über dem sonst üblichen Standard
des kölschen Traditionsgerichts, und die überaus zarte Kalbs-
zunge in einer offensiv mit Madeira abgeschmeckten Sauce
und grünen Bohnen ist noch eine ganz besondere Empfehlung wert. Fisch gibt es auch: Die mit einer ungewöhnlichen
Korianderfüllung gebratenen Sardinen auf marokkanische
Art und die Matjesfilets mit Zwiebeln sind von erstklassiger
Qualität, und auch der sehr frische rohe Thunfisch mit
Sesam, Sojasauce und Wasabicreme war stimmig gewürzt.

Die wenigen Weine sind passend zum Stil der Küche aus-
gesucht und ohne größere Ansprüche gut trinkbar; besonders mit dem südfranzösischen Chardonnay und dem eher
seltenen, trockenen Muskat liegt man eigentlich immer goldrichtig.

So auch bei den klassischen Desserts: Die sehr üppige
Mousse au chocolat schmeckt wunderbar nach dunkler
Schokolade und wird noch von einer cremigen Vanillesauce
abgerundet, was bei der Tarte tatin ein dicker Klacks Crème
fraîche übernimmt – die Krönung auf dem Apfelkuchen,
der ansonsten nur aus wunderbar von Zucker und Butter
durchzogenen Äpfeln und Blätterteigboden besteht.

Hase

St.-Apern-Straße 17
Telefon 25 43 75
www.hase-catering.de
Mo – Fr 12 – 1 Uhr, Sa 11 – 1 Uhr, So/Feiertag Ruhetag

Vorspeisen ab 6,50
Hauptgerichte ab 19,50
Menüs: 3 – 4 Gänge ab 32
Visa, MasterCard, American Express, Ec-cash

Im Grunde genommen ist der Hase die perfekte Inkarnation eines großstädtischen Szenelokals, und das in jeder Hinsicht. Die aufmerksamen und schnellen Kellner tragen weiße Hemden, Krawatten und lange weiße Schürzen, sind kommunikativ und halten trotzdem die richtige Distanz zu den Gästen. Die gesamte Atmosphäre in dem mit viel hellem Holz und eingesetzten Spiegeln vertäfelten Raum ist so angenehm und locker, dass selbst die Enge zwischen den aneinandergereihten kleinen Tischen nicht weiter stört. Im Sommer lässt es sich auf der großen zur Straße hin gelegenen Terrasse nicht nur gut essen, es ist auch ein einladender Ort zum Sehen und Gesehenwerden – oder einfach nur zum gemütlichem, kurzzeitigen Ausspannen während eines Einkaufsbummels oder einer Arbeitspause –, wie es ihn in der Innenstadt kaum noch gibt.

Auf der Schiefertafel stehen weitgehend mediterrane Gerichte zu – wie bei den guten Weinen – etwas gehobenen Preisen, die aber wiederum nicht übertrieben sind, wenn man die Lage, den tadellosen Service und die generell überdurchschnittliche Qualität des Essens berücksichtigt. Das gilt gleichermaßen für Fisch oder Fleisch, Geflügel oder Gemüse, und die Köche lassen sich bei ihren Zubereitungen immer wieder kleine Überraschungen einfallen. Dass man

Spanferkelbäckchen nicht schmoren muss, sondern sie problemlos kurz gebraten zu schwarzen Beluga-Linsen mit frischen Morcheln servieren kann, habe ich hier zum ersten Mal entdeckt, während kurz gebratener und deswegen innen noch schön roher Thunfisch im Pfeffermantel zu Spargelsalat mit einem cremigen Kräuterdressing zwar so neu nicht mehr ist, aber durch die richtigen Garzeiten und die genaue Würzung einfach viel Vergnügen bereitet. Auch das Leipziger Allerlei mit großem Flusskrebs und dickem, sehr saftigem Filet vom Polarsaibling oder die gebratenen Sardinen auf Rucolasalat mit Pinienkernen, schwarzen Oliven und entkernten Tomatenwürfeln gehören in die Kategorie anspruchsvoller Bistroküche ohne Wenn und Aber.

Selbst bei den Dessertvarianten aus Früchten, Tartes, Mousse oder Eis, meist das etwas vernachlässigte Stiefkind dieser Art von Gastronomie, schwächeln die Köche nicht. Dass neue Gäste ebenso aufmerksam bedient werden wie die zahlreichen Stammkunden, ist leider nicht überall selbstverständlich und gibt hier noch einen Pluspunkt. Der Name hat übrigens keinen tieferen Sinn: Die Geschäftsführer wollten einfach keine komplizierte Bezeichnung und fanden, dass »Hase« einladend und freundlich klingt. Passt jedenfalls, finde ich.

Heising und Adelmann

Friesenstraße 58 – 60
Telefon 130 94 24
www.heising-und-adelmann.de
Di – Do 18 – 1Uhr, Fr/Sa 18 – 4 Uhr, So/Mo Ruhetag

Vorspeisen ab 6
Hauptgerichte ab 16
Menüs: 2 Gänge ab 29,50
Visa, MasterCard, American Express, Ec-cash

Manchmal können kleine Änderungen größere Wirkungen haben, als man denkt. Die großen rot-golden glänzenden Kugellampen in der Mitte des Restaurants sind ein origineller Blickfang in dem sonst eher zweckmäßig eingerichteten Raum. Durch die Abtrennung der langen, schmalen Theke im Eingangsbereich vom eigentlichen Restaurant mit einer automatischen Glastür ist die gesamte Atmosphäre etwas ruhiger geworden, auch wenn hier nach wie vor besonders an den Wochenenden die Partystimmung mit dem damit verbundenen Geräuschpegel schnell steigt. Im Sommer kommt noch die schöne, in jedem Jahr neu begrünte Gartenterrasse hinzu. Ansonsten ist das Szenerestaurant im Friesenviertel weiterhin eine sehr empfehlenswerte Adresse für freundlichen Service, preiswerte Weine und einwandfreies, aus frischen Produkten zubereitetes Essen.

Die übersichtliche Speisekarte teilt sich in Classics und etwas teurere Specials auf und bietet eine Mischung aus Fisch- und Fleischgerichten mit mediterranem Einschlag, wobei das Niveau deutlich über dem Durchschnitt vergleichbarer Lokale liegt, weil die Köche einfach ein sicheres Händchen bei der Zubereitung und beim Abschmecken haben. Kräuterrisotto mit zarten Stücken von der hohen Rinderrippe und hausgemachte, mit Kalbsbrust gefüllte Ra-

violi zu einer Roulade vom Kalbsrücken und Pfifferlingen mit Lauch schmecken so einfach gut.

Die Vorspeisen sind ebenfalls großzügig portioniert. Die Avocadocreme mit Tatar vom geräucherten Lachs, Friséesalat, kleinem Reibekuchen und Büsumer Krabben macht Lust auf mehr, die schön kurz gebratenen Garnelen umranden Rucolasalat und Parmesanscheiben im Wechsel mit gefüllten Tintenfischen. Selbst die Desserts sind immer einen Versuch wert, nicht nur die oft angebotenen Klassiker Mousse au chocolat oder Crème brûlée. Eine warme Tarte mit sehr knusprigem Mürbeteig, Vanillecreme und frischen Aprikosen zum Champagnersorbet ist eine willkommene Abwechslung zu den Evergreens der Dessertlandschaft.

Nicht nur weil man durch selbst ausgewählte Zusammenstellung kleiner Menüs noch ein paar Euro sparen kann, stimmt das generelle Preis-Leistungs-Verhältnis – freundlicherweise sogar bei den Weinen, von denen einige glasweise oder in der Halbliter-Karaffe angeboten werden. Bei den Flaschenweinen gehen die Preise für gut trinkbare Qualitäten tatsächlich schon bei knapp über 20 Euro los; wer mehr ausgeben will, sollte einen Blick auf die separate Liste der deutschen Spitzenweine werfen, die zwar etwas teurer sind, sich aber immer lohnen.

Kamasutra

Weyerstraße 114
Telefon 34 89 28 28
www.kamasutra-koeln.de
Mo – Fr 12 – 15 und 18 – 23 Uhr, Sa/So 17.30 – 23 Uhr

Vorspeisen ab 6
Hauptgerichte ab 10,90
Menüs: für 2 Personen ab 49
Visa, MasterCard, American Express, Diners Club, Ec-cash

Da soll noch mal einer sagen, dass die Bundesagentur für Arbeit nicht auch einen sinnvollen Beitrag zur Verbesserung der Kölner Gastronomie leisten kann. Vor einigen Jahren hat Kamasutra-Inhaber Rajiv Ranjan einen Förderkurs besucht und sich dort das notwendige Basiswissen für die Gründung seines Restaurants geholt. Was man in so einem Kurs alles lernen kann (und mehr), führt er nun zusammen mit seiner Frau und den Kellnerinnen vor. Man trifft hier auf sehr zuvorkommende indische Gastfreundschaft, engagierten Service und ein helles Lokal, in dem das gesamte Mobiliar und die lustfreundlichen Kamasutra-Bilder an den Wänden eine originelle, angenehme Atmosphäre schaffen.

Der Koch war vorher Küchenchef in einem anspruchsvollen Hotelrestaurant in Neu-Delhi und legt den Schwerpunkt auf nordindische Spezialitäten, die durchweg frisch und sorgfältig zubereitet werden: Von Huhn über Lamm bis zu Fisch und Garnelen und unterschiedlichen Currymischungen aller Schärfegrade von mild über pikant bis höllenscharf ist alles dabei, und auch Vegetarier kommen nicht zu kurz. Meine Favoriten bei den Hauptgängen waren Murgh Malang und Karahi Gosht und der vegetarische Klassiker Dal Sag – indische Linsen mit viel Knoblauch und Spinat. Das sollten Sie allerdings beim ersten Mal vielleicht eher »mittelscharf«

bestellen. Bei der indisch »scharfen« Variante kann uns Mitteleuropäern das für den Geschmack zuständige Chakra gehörig durcheinanderkommen, da hilft dann auch das zu allen Gerichten passende King-Fisher-Bier kaum beim Löschen. Beim Murgh Malang ist die aromatische Balance von gegrilltem zarten Hühnerfleisch in einer dicken Curry-Joghurtsauce mit gehacktem Lammfleisch und hart gekochtem Ei darauf so exotisch wie faszinierend, beim Karahi Gosh – gegrillte Stücke vom Lammfilet mit frischen Tomaten, Paprika und Zwiebeln in offensiv scharfer, aber nicht Tränen treibender Joghurt-Buttersauce – ebenfalls. Eher mild, aber aromatisch-intensiv sind die cremige Suppe von roten Linsen, das marinierte und mit Kichererbsenmehl panierte Hühnchenfleisch am Spieß und beispielhaft einige der zahlreichen Vorspeisen, allen voran die tollen, krapfenartig frittierten Zwiebeln und die in Kichererbsenteig gebackenen Gemüse wie Aubergine, Blumenkohl und Champignons.

Der Chef und sein Team geben gerne Auskunft auf sämtliche Fragen, und nur einmal zu kommen ist sowieso nicht genug, weil hier tatsächlich so »mit Liebe gekocht und mit Liebe serviert« wird, wie es zum Schluss auf der Rechnung steht. Um alle Lehren des Kamasutra umzusetzen, reicht ja eine Nacht schließlich auch nicht.

Kap am Südkai

Agrippinawerft 30
Telefon 35 68 33 33
www.kapamsuedkai.de
täglich 12 – 14.30 (außer Sa) und 18.30 – 22 Uhr

Vorspeisen ab 8
Hauptgerichte ab 22,50
Menüs: 3 – 4 Gänge ab 35
Visa, MasterCard, American Express, Diners Club, Ec-cash

In den schon fertiggestellten Abschnitten des neu gestalte-
ten Rheinauhafens haben sich bereits einige Lokale angesiedelt, aber das Kap am Südkai, das sich am südlichen Ende
der modernen Flaniermeile befindet, ist kulinarisch eindeutig führend. Das gelungene Konzept aus Bar, Lounge und mit
viel Holz und roten Farbtönen gestaltetem Restaurant, alles
wegen der durchgehenden Fensterfronten lichtdurchflutet,
wird niveauvoll abgerundet durch Küchenchef Stefan Kim-
mings deutsche und mediterrane Gerichte. Er setzt auf Top-
Produkte und einen geradlinigen Kochstil, der selbst die
Wahl von der kleinen Karte erschwert, weil man am liebsten
alles bestellen würde.

Mittags gibt es ein zeitgemäßes Lunchangebot zu niedrigen Preisen, aber ohne Qualitätsabstriche. Das kann lauwarmer Salat vom Spargel mit rohem Thunfisch sein, gut
durchgerührter Radicchio-Risotto mit Pinienkernen und gebratenen Garnelen oder marinierter Ziegenkäse mit Zucchini und Tomaten. Abends wird es teurer, es geht auf den Tellern aber auch raffinierter zu. Da zeigt Kimming, dass er auf
seinen vorherigen Stationen bei verschiedenen Sternekö-
chen genau hingesehen und sein Handwerk gelernt hat, das
er präzise umsetzt. Immer wieder bietet er überraschende
Highlights wie den heiß geräucherten Kabeljau auf feinem

Kartoffel-Meerrettichpüree mit Salatgurke in Spaghettiform oder gebratene Jakobsmuscheln mit Sesam und Algen, die durch kurz gedünsteten Rhabarber eine fruchtige Note bekommen. Das Filet vom St. Pierre kombiniert er mit kurz in Butter sautiertem Rucola, Gnocchi in Chorizosauce und enthäuteten Cocktailtomaten, den sehr aromatischen Rücken vom Salzwiesenlamm mit Paprika, Spinat und Artischocken sowie einem frittierten Säckchen aus mit Lammhack gefülltem Strudelteig.

Auch beim Dessert »Dimitri«, einer mit üppiger Vanillesauce überbackenen Mischung aus in Grand Marnier getränkten Amaretti, frischen Himbeeren und Zitronensorbet, bestätigt die Küche ihren gehobenen Anspruch.

Die Weinkarte beeindruckt mit vielen guten Weinen aus Deutschland, Österreich und Südeuropa, mit denen sich die jungen Kellner/innen leider nicht so gut auskennen. Überhaupt verliert der Service bei größerem Andrang schnell den Überblick. Da helfen nur die eigene Gelassenheit und der tolle Blick über den Rhein, die Brücken und die historischen Ladekräne. An kaum einer anderen Stelle Kölns kann man dann bei so gutem Essen so schön sitzen und abwechselnd die gemütlich tuckernden Schleppkähne oder den weit offenen Himmel betrachten.

La Cena

Elsaßstraße 4
Telefon 31 04 49 16
www.lacena.de
Di – Sa ab 19 Uhr, So/Mo Ruhetag

Ausschließlich Menü mit 7 Gängen: 38 Euro
Ec-cash

Das Konzept dieses kleinen Restaurants in der Südstadt orientiert sich an dem italienischen Prinzip des »servicio unico«. Es gibt nur ein festgelegtes Menü für alle, das den Gästen lediglich bei den Hauptgängen die Wahl aus drei verschiedenen Gerichten lässt. Was Sie an dem jeweiligen Abend Ihres Besuchs also erwartet, erfahren Sie wie bei einem Überraschungsmenü erst dann, wenn Sie bereits dort angekommen sind. So viel verrät Carmen Schuster, die junge Inhaberin und Chefköchin, auf Ihrer Homepage allerdings schon vorher: Es werden durchweg frisch zubereitete Gerichte aus der norditalienischen Küche serviert.

Es gibt eine von Sommelier Jan Garnisch kompetent zusammengestellte Weinkarte, die auch glasweise einige italienische Weine zu bieten hat, die man sonst nicht so häufig bekommt, und Garnisch hilft auch sehr freundlich und ausführlich bei der weiteren Auswahl.

Nach gerösteten Bruschetta mit erstklassigem Lardo kommt einem die nun folgende Wartezeit umso länger vor, auch wenn man in dem schlicht eingerichteten Lokal bei stimmungsvoll gedämpftem Licht und Kerzenschein an sehr schönen, einfachen Holztischen sitzt. So richtig beginnt das Menü nämlich erst, wenn alle Gäste da sind. Aber das Warten lohnt sich trotzdem, und die Portionen werden größer.

Carmen Schuster kocht puristisch und schnörkellos, sodass der Eigengeschmack der ausgesuchten Zutaten ungehindert zur Geltung kommen kann. Auf die Bruschetta folgten zart gebratenes Hühnchenfleisch mit altem Balsamico, kleinem Salat und einer cremigen Mandelsauce, danach eine aromatische pürierte Suppe aus frischen Erbsen mit zwei knackigen Scampi als Einlage und der obligatorische Pastagang mit einem hellen Sugo aus Gehacktem von Schwein und Rind. Hauptgänge waren ein auf der Haut gebratenes Filet von der Rotbarbe auf kurz sautiertem Mangoldgemüse oder toskanische Tagliata vom Rindfleisch, mit tollem Eigengeschmack und perfekt durchweg rosa gegart, in Kombination mit Rucola und kräftigem Olivenöl. Nach Ziegenfrischkäse mit Traubensauce gab es zum Finale noch eine außergewöhnliche Spezialität: Warme süße Schnitten aus gestockter Béchamel mit leicht geschmolzener Marzipanfüllung, die dünn paniert gebraten werden zu einem fruchtigen Sorbet aus Weinbergpfirsichen.

Wenn Sie also Lust haben, sich überraschen zu lassen, und genug Zeit mitbringen, stehen die Chancen für einen Abend mit ganz eigenem kulinarischem Touch sehr gut.

La Locanda

Zugweg 3
Telefon 310 93 70
Di – So 18 – 23 Uhr, SMo Ruhetag

Vorspeisen ab 8
Hauptgerichte ab 16,50
Menüs: nach Absprache
ausschließlich Barzahlung

Wenn Sie eine gemütliche Trattoria mit herzlich familiärem Service, einfach gemütlichem Ambiente und herzhafter italienischer Landküche suchen, dann sind Sie im La Locanda sicherlich an der richtigen Adresse. Das im Stil einer einfachen Trattoria eingerichtete Ristorante mit der aufgesetzten Fachwerkfassade entspricht ziemlich genau den landläufigen Originalen in Italien. Wenn man im Sommer an den weiß eingedeckten Tischen auf dem engen Bürgersteig nur durch begrünte Blumenkübel von den parkenden Autos getrennt sitzt, kommt man sich sogar vor wie in einer italienischen Metropole, obwohl man doch nur in der Südstadt isst.

Franco Bernardini, ein gebürtiger Sarde, kocht die Spezialitäten seiner Heimatinsel und italienischer Regionen, die sich deutlich vom üblichen Angebot seiner italienischen Kollegen unterscheiden – gerne herzhaft gewürzt, oft mit ordentlich Knoblauch und immer in großen Portionen. Typische Beispiele für seine Vorspeisen sind zarte Stücke vom Pulpo mit rohen Zwiebelstreifen auf gekochten Kartoffelscheiben in Olivenöl mit scharfem Paprikapulver oder in der Schale gebratene, mit scharfen Chilistückchen gewürzte Garnelen mit Rucolasalat. Die Carpaccios, die oft auf der von Hand beschriebenen Speisetafel stehen, sind selten von rohem Fleisch, sondern eher von der sanft gegarten Salz-

wiesenlammkeule, innen schön rosa und sehr saftig. Höhepunkt meines letzten Besuchs war eindeutig eine sardische Spezialität, die ich vorher noch nie gesehen hatte: im Backofen geschmortes Lammfleisch in einem hocharomatischen Sud mit Kichererbsen, Kartoffeln, Möhren und Fenchel, dazu mit Peccorino bestreute Fregula-Nüdelchen – Hausmannskost zum Schwelgen, genauso wie die geschmorten Ochsenbäckchen in dunkler Sauce mit Polenta. Das gilt auch für die Pasta-Gerichte Malfreddus mit dicker Tomatensauce und Auberginen und – immer wieder eine besondere Empfehlung meinerseits – die Spaghetti bottarga, einfach nur mit zerlassener Butter und dem geriebenen, luftgetrockneten Rogen der Meeräsche.

Neben den süffigen sardischen Weinen gibt es eine ganze Reihe anderer aus der Karaffe oder als Flasche und einen exzellenten Hausgrappa. Den braucht man auch, wenn man sich zusätzlich ein Dessert genehmigt, was Sie besonders dann unbedingt tun sollten, wenn die Seadas im Tagesangebot sind: knusprig frittierte, mit Ziegenfrischkäse gefüllte und anschließend mit Honig begossene Teigtaschen. Herrlich.

Landhaus Kuckuck

Olympiaweg 2
Telefon 48 53 60
www.landhaus-kuckuck.de
Di – Sa 12 – 23 Uhr, So 12 – 18 Uhr, Mo Ruhetag

Vorspeisen ab 12
Hauptgerichte ab 18,50
Menüs: 3 Gänge ab 38
Visa, MasterCard, American Express

Das Landhaus Kuckuck, das idyllisch unter Bäumen direkt
neben dem Stadionbad und dem Müngersdorfer Stadion
liegt, hat einen neuen Koch. Erhard Schäfer, vorher mit dem
Maître-Börsen-Restaurant beständig in der Riege der besten
Kölner Restaurants vertreten, ist jetzt gleichzeitig Chef der
Traditionsadresse im Stadtwald und zeigte von Anfang an,
dass er den lahmenden Kuckuck wieder zu einem flotten
Vogel machen wird. Seinen bewährten Sous-Chef hat er mit-
gebracht, ebenso Oberkellner Jan-Marc Teeuwsen. Erhard
Schäfer ist ein hervorragender Koch alter Schule und serviert nun in dem gediegenen Restaurant mit cremefarben
eingedeckten Tischen und Silberbesteck gutbürgerlich deutsche und mediterran beeinflusste Gerichte, die qualitativ
keine Wünsche offen lassen. Das ist durchweg erstklassige
Landhausküche zum Schwärmen: Die italienische Mines-
trone ist ein kleines Gemüsefestival, mit geriebenem Parmesan bestreut, die Variation vom schottischen Wildlachs
als gekräutertes Carpaccio mit fein gewürztem Tatar und ge-
bratenem Filet mit dezenter Pomméry-Senfsauce und kleinem Salat ein erfrischender Auftakt. Die Röllchen von der
zarten Perlhuhnbrust, delikat mit Gemüsewürfelchen gefüllt
und durch eine leichte Koriandermayonnaise abgerundet,
erfüllen problemlos Feinschmeckeransprüche, die selbst bei

der herzhaften, gebratenen Blutwurst auf einem Chutney-artigen Apfel-Zwiebelpüree nicht zu kurz kommen.

Die Hauptgänge liegen auf demselben Niveau. Das waren ein perfekt gebratenes Ribeye-Steak vom U.S.-Beef mit Trüffeljus und kurz und knackig blanchiertem Gemüse wie Kohlrabi, Möhre und Frühlingszwiebel und in der Eihülle gebratene Piccata vom Seeteufel mit Bandnudeln und Gemüsestreifen. Wenn's einfacher sein soll, machen Sie beim Original Wiener Schnitzel mit Sardelle, Kapern und warmem schwäbischem Kartoffelsalat mit kleinen Speckwürfeln ebenso wenig falsch wie bei der sehr saftigen, dicken Tranche vom gebratenen Thunfisch, die mit einer fruchtigen Mischung aus frischen Tomatenstücken, Kapern und aromatischem Olivenöl überzogen war.

Die Desserts sind eine süße Wonne klassisch ausgeführter Patisserie: beispielhaft die eingelegten Amarenakirschen mit einem erstklassigen Kirschsorbet als gelungener Kontrast zur cremigen Nougat-Tarte mit knusprig-dünnem Mürbeteig. Außerdem hat Erhard Schäfer im kleinen Seitentrakt sein Maître als separates Gourmetrestaurant wieder eröffnet, aber erst nach Redaktionsschluss dieses Buches. Das sind zweifellos sehr erfreuliche Aussichten für alle Genießer klassischer Haute Cuisine.

L'Imprimerie

Cäsarstraße 58
Telefon 348 13 01
Di – Fr 12 – 15.30 und 18 – 23 Uhr, Sa 18 – 23 Uhr
So/Mo Ruhetag

Vorspeisen ab 8,50
Hauptgerichte ab 18,50
Mittagsmenü mit einem Glas Wein ab 15,80
ausschließlich Barzahlung

Doch, manchmal könnte man schon den Eindruck gewinnen, dass der für seine launenhaften Kapriolen berüchtigte Inhaber Gilles Berthier mit dem Älterwerden auch etwas an Gelassenheit gewonnen hat. Jedenfalls werden die Berichte über das Anraunzen von Gästen, die sich nicht an seine Regeln halten wollen, seltener, und ich selbst musste bisher noch nicht dran glauben, wenn ich dort war. Aber bei vielen Vulkanen weiß man ja auch nicht genau, ob sie schon erloschen sind oder nur vorübergehend in sich ruhen bis zum nächsten Ausbruch …

Gut, aus meiner Sicht durchaus berechtigte Fragen wie die, was denn eine Saucisson de Toulouse sei, beantwortet er immer noch ohne mit der Wimper zu zucken lediglich mit »ja, eben eine Saucisson de Toulouse« und überlässt es mir selbst, ob ich sie dann trotzdem bestelle. Es ist übrigens eine hervorragend gewürzte, frische Bratwurst, scharf gebraten, mit herzhaftem Sauerkraut und einer aromatisch scharfen Dijon-Senfsoße umrandet. Das ebenfalls nicht weiter kommentierte Onglet Bercy entpuppte sich als gegrilltes Rindfleisch in Scheiben mit tollem Eigengeschmack und in Weißwein gedünsteten Schalottenwürfelchen und gehackter Petersilie als Beilage. Es ist genau diese Art von groß portionierten Gerichten nach Art der französischen Landküche,

wofür sich der Besuch dieses schön schrägen Restaurants in der Halle einer ehemaligen Druckerei trotz der Eigenarten des skurrilen Franzosen immer wieder lohnt. Lediglich bei Edelfischen wie Wolfsbarsch oder Heilbutt schwächelt die Küche, weil sie zu heiß gebraten werden, ansonsten fällt mir jedes Mal die Wahl schwer. Die Austern sind immer superfrisch, die Klassiker wie Fischsuppe und Kalbsniere à la Grand-mère Meilensteine französischer Kochkultur, und selbst ein ganz einfaches Gericht wie der im knusprigen Brickteig gebackene Brie de Meaux mit Frisée-Salat wird hier zu einer besonderen Spezialität, ebenso wie die Tarte Tatin, der mit dicken und in viel Butter gebackenen Äpfeln belegte Blätterteig mit einem dicken Klacks Crème fraîche obendrauf zum Dessert.

Die Weinauswahl passt bestens zu den Gerichten, der Service ist aufmerksam und das ganze Lokal ein Erlebnis für sich. Aber bevor Sie hingehen, denken Sie immer daran: keine Reservierungen, nur eine Rechnung pro Tisch, ausschließlich Barzahlung, und der Chef legt fest, wo Sie sitzen dürfen. Sonst wird es vielleicht doch wieder ein Tanz auf dem Vulkan statt eines außergewöhnlichen Essens, das Sie so woanders in Köln nicht bekommen können.

Louisiana

Sachsenring 3
Telefon 80 14 008
Mo – Fr 18 – 23 Uhr, Sa 18 – 24 Uhr, So/Feiertag Ruhetag

Vorspeisen ab 7,50
Hauptgerichte ab 10
Menüs: 3 – 5 Gänge ab 28
Ec-cash

Das auf amerikanische Südstaatenküche spezialisierte Restaurant ist von der Corneliusstraße zum Sachsenring umgezogen und präsentiert sich nun wie ein typisch amerikanisches Restaurant: vorne die Bar, in der man an kleinen Tischen essen kann und auch rauchen darf, dahinter der durch eine Glaswand abgetrennte Restaurantbereich. Auf der Speisekarte ist Inhaber und Küchenchef Paul Fox seiner Linie treu geblieben, Helena Fox sorgt für unprätentiös freundlichen Service. Die Gerichte sind eine Mischung aus deftiger Südstaaten-Landküche (Cajun) und kreolischer Küche à la New Orleans, die französisch, spanisch und afrikanisch beeinflusst ist.

So viel zur Theorie, in der Praxis bzw. auf dem Teller sieht das so aus: Die Buffalo wings – bei denen es sich keinesfalls um Büffelflügel handelt, sondern um gebratene Hähnchenflügel – sind zart, saftig und mit einer schön aromatisch-scharf abgeschmeckten Sauce aus Honig, Limonen, Orangen und Chili überzogen, ebenso die einwandfrei knusprigen Spare ribs. Probieren sollte man auch die dicke, mit Gin und verschiedenen Kräutern abgeschmeckte Tomatensuppe.

Die perfekt gebratenen Bisonsteaks mit ihrem typischen, relativ festen Biss und intensivem Fleischgeschmack gehören zu den feinsten ihrer Art, die ich bisher gegessen habe.

Die fruchtig-pikante Sauce aus Johannisbeeren, Ingwer und Brandy sowie die Gemüsemischung aus Zwiebeln, Okra und Zucchini liefern den passenden Kontrast dazu, satt wird man von dem »Kartoffelbrei der Cherokee-Indianer«. Das ist eine sehr leckere Mischung aus gekochten Kartoffelwürfeln und pürierten Süßkartoffeln mit Thymian und Estragon, die auch zu den Krokodilsteaks in üppig cremiger Meerestiersauce mit zwei ganzen Flusskrebsen serviert wird – der stolze Preis wird wettgemacht durch die sensationelle, saftig-zarte Konsistenz des Reptilfleisches und seinen ganz eigenen Geschmack, der irgendwo zwischen Kalbfleisch, Hühnchen und Seeteufel angesiedelt ist. Wieder in die scharfe Kategorie gehört der in der Gusspfanne servierte Cajun-Klassiker »Jambalaya«, ein sehr würziger, an die spanische Paella erinnernder Eintopf mit eingebundener Schärfe, der aus Reis, Gemüse, mettwurstähnlicher Louisiana-Sausage, Hühnchenfleisch, Garnelen und Flusskrebsen besteht. Ach ja: Klapperschlange gibt es auch, aber nur auf Vorbestellung.

Maybach

Maybachstraße 111
Telefon 91 23 598
www.maybach111.de
Mo – Do 11.30 – 24 Uhr,
Fr/Sa 11.30 – 1 Uhr, So 10 – 24 Uhr

Vorspeisen ab 3,90
Hauptgerichte ab 7,50
Visa, MasterCard, American Express, Ec-cash

Zum zehnjährigen Jubiläum haben die Besitzer des Restaurants den hinteren Raum im historischen Direktionsgebäude des Güterbahnhofs sehr schön stimmungsvoll mit zwei freigelegten alten Säulen und satt roten Farben renoviert, wodurch der Charakter des Saales, der tatsächlich früher der Tresorraum war, noch viel besser zur Geltung kommt. Im Sommer ist der große Biergarten mit weitem Blick auf die Wiesen und den Bahndamm nicht nur bei Sonnenuntergang eine der schönsten Freiluftlokalitäten, die Köln zu bieten hat. Gleichzeitig beweist Küchenchef Wolfgang Grätz kontinuierlich, dass groß angelegte Gastronomie mit vielen Gästen und sorgfältig zubereitete Gerichte zu erstaunlich niedrigen Preisen kein Widerspruch sein müssen.

Die Speisekarte lässt den Gästen ganz freundlich die Wahl, wie viel Geld sie ausgeben möchten. Eine preiswerte Pasta mit gut gewürzten, kleinen Bratwürsten, Oliven und pikanter Chilibutter macht schon fast allein satt, und vor allem bei den Fleischgerichten macht sich die ausgesuchte Qualität der Produkte bemerkbar: Das argentinische Ribeye-Steak mit knusprigen, hausgemachten Fritten und zwei würzigscharfen Dips war perfekt zart und leicht blutig gebraten, die mit Kräuterfarce gefüllten Kalbsrouladen mit feiner Rahmsauce, hausgemachten Spätzle und knackig-frischem Gur-

kensalat sind ein sehr leckeres Gasthausgericht. Auch am Fisch – in Serranoschinken gewickelten Rotbarschfilets mit Spaghetti in Hummersauce – und der cremigen Rahmsuppe von Pfifferlingen und Schnittlauch gab es nichts auszusetzen: alles gut gewürzt und abgeschmeckt.

Die Desserts, sonst ja in so großen Restaurants und Biergärten eher aus der Kategorie Fertigprodukte, sind eine besondere Empfehlung wert, weil sie eigentlich schon Ansprüche an gehobene Patisserie erfüllen. Der warme und innen noch leicht flüssige Kuchen von edler Valrhonaschokolade ist große Klasse, die Panna cotta im Glas mit frischen Früchten wunderbar schaumig.

Wie gut der freundliche und schnelle Service funktioniert, hängt natürlich von der Wetterlage ab; wenn alle Tische besetzt sind, kann es schon zu Wartezeiten kommen. Die Qualität der Weinempfehlungen variiert von Kellner zu Kellner. Glücklicherweise kann man da aber trotzdem wenig falsch machen, weil sowohl die offenen als auch die Flaschenweine mit Schwerpunkt Spanien durchweg gut trinkbar sind. Nicht nur darum, sondern auch wegen der insgesamt entspannten Atmosphäre bleibt man im Maybach, egal zu welcher Jahreszeit, fast immer länger sitzen, als man eigentlich geplant hatte.

Osteria Toscana

Dürener Straße 218
Telefon 40 80 22
Di – So 12 – 14.30 und 17.45 – 22.45 Uhr, Mo Ruhetag

Vorspeisen ab 7,50
Hauptgerichte ab 14,50
American Express, Diners Club, Ec-cash

Die Osteria von Bruno Lucchesi ist seit Jahren eine der verlässlichsten Adressen für bodenständige italienische Küche. Schon die guten und preiswerten Pizze aus dem offenen Steinofen sind ausschließlich mit frischen Zutaten belegt. Aber sie allein sind nicht der Hauptgrund für diese Empfehlung. Die hat mit den ungefähr 15 Gerichten zu tun, die auf den von Hand beschriebenen Schiefertafeln stehen. Lucchesi bereitet sie schnörkellos und einfach zu, manchmal deftig und mit ordentlich Knoblauch, aber immer gekonnt abgeschmeckt – und wie sorgfältig er dabei bis ins Detail vorgeht, zeigt schon der gemischte, kalte Vorspeisenteller, der ausschließlich aus unterschiedlich zubereiteten Gemüsen besteht, die trotz des Olivenöls nicht fettig geraten.

Es gibt eine ganze Reihe von Klassikern wie die Maccheroni Salsicce mit einer Sauce aus Bratwurststücken, kurz gedünstetem Rucola und kleinen Stückchen Staudensellerie, die in Pergament gegarten Edelfische oder den lauwarmen Fischsalat aus Lachs, Wolfsbarsch, kleinen Scampi und Sepiaringen mit einem kleinen Schuss frischen Olivenöls: alles geschmacklich auf dem Punkt. Dazu kommen Spezialitäten wie die zarte Kalbsleber „veneziana", als Ragout mit gedünsteten roten Zwiebelringen und Apfelstücken, eine willkommene Abwechslung zur üblichen Leber mit Butter und Sal-

bei. Oder die große Portion hausgemachter, mit Steinpilzen gefüllter Ravioli mit cremiger Käsesauce, die zwar als Vorspeise angegeben ist, aber sättigt wie ein Hauptgericht. Die Schmorgerichte sind ebenfalls tadellos: Das Fleisch der Kalbshaxenscheibe zerging auf der Zunge, und die klassische Gemüsesauce dazu war toll mit etwas Zitronenschale und Petersilie abgeschmeckt.

Wenn Sie sich statt der lediglich passablen, offenen Weine dazu noch eine der nicht überzogen kalkulierten Flaschen wie den weißen Ribolla gialla (eine alte Traubensorte) leisten, können Sie zusätzlich entdecken, wie gut der zu fast allen Gerichten passt.

Die einfachen Holzstühle sind zwar nicht besonders gemütlich und die Stoffservietten rosa, der Geräuschpegel ist hoch. Aber ist das in Italien anders? Und würde ich deswegen auf die sehr üppige Tiramisu mit Espresso-getränktem Biskuit oder auf die luftig mit Marsala aufgeschlagene Zabaione verzichten? Auf keinen Fall.

Oyster

Thürmchenswall 62
Telefon 992 32 71
www.oyster-restaurant.com
Mo – Sa 18 – 23 Uhr, So Ruhetag

Vorspeisen ab 9,50
Hauptgerichte ab 16,50
Menüs: nach Absprache
Visa, MasterCard, Ec-cash

Eine deutsche Bezeichnung für diese Art von Restaurant hat sich bisher noch nicht gefunden; in Frankreich nennt man solche Lokale Bistro, wobei die Küche dort sich doch immer noch mehr an den einfachen, klassisch französischen Gerichten wie »Steak frites« oder »Coq au vin« orientiert. Ganz so eindeutig geht es auf den Tellern im Oyster nicht zu, der Stil ist deutsch-international, was heutzutage natürlich mediterrane und asiatische Einflüsse beinhaltet. Von den namensgebenden Austern gibt es – wegen des Frischeanspruchs – je nach Marktlage unterschiedliche, immer hochwertige Sorten mit Herkunftsangabe, die geschmacklich den gegenüber den handelsüblichen »Fines de claires« etwas höheren Preis durchaus rechtfertigen. Wenn gelegentlich Vorspeisen mit kurz erhitzten Austern auf der immer sehr kleinen, wöchentlich wechselnden Karte stehen, dann probieren Sie das ruhig mal aus, denn Austern schmecken eben auch warm. Manche Gerichte tauchen immer wieder auf der Karte auf, und dass der zarte Sepia-Salat nach thailändischer Art mit Chili und an sich schon scharfen Streifen von der grünen Papaya regelmäßig dabei ist, zeugt nicht nur von seiner Beliebtheit bei den Stammkunden, sondern lohnt sich auch deswegen, weil das eine ganz ungewöhnlich stimmige Kombination ist. Dass die groß portionierten Haupt-

gerichte fast alle auch als kleinere Portionen etwas über dem Zweidrittel-Preis angeboten werden, ist eine kundenfreundliche Idee, die sich allerdings bei großen Fleischstücken wie dem dicken, innen rosa gebliebenen Kalbskotelett mit einwandfreien Kartoffeln, frischen Pilzen und dunkler Bratensauce nicht umsetzen lässt. Das Pot au feu vom kanadischen Hummer mit Kalbsbries und einer an Leipziger Allerlei angelehnten Gemüsemischung aus Spargel, Erbsenschoten und Bohnen in leicht gebundener Sauce überzeugte durch sehr sorgfältige Zubereitung der einzelnen Komponenten.

Wenn das Lokal voll ist, und das ist es häufig, kann es schon mal zu etwas längeren Wartezeiten kommen, die Weinfans aber problemlos mit den guten und trinkfreundlich kalkulierten Weinen überbrücken können, von denen eine ganze Reihe offen ausgeschenkt werden. Mitinhaber Peter Foltynowitz berät kompetent, welche davon zum jeweiligen Essen passen, und der gesamte Service geht freundlich und flott zur Sache. Kein Wunder also, dass sich dieses einfach sympathische Restaurant in der kulinarischen Szene nahe des Eigelsteins in den wenigen Jahren seines Bestehens dort mühelos etabliert hat.

Pane e Vino

Eifelstraße 18
Telefon 93 11 311
www.ristorante-paneevino.de
täglich 11 – 15 und 18 – 23 Uhr

Vorspeisen ab 6,90
Hauptgerichte ab 9,80
Menüs: 4 Gänge ab 38,50
ausschließlich Barzahlung

Es ist ja nicht ganz einfach, im großen Panettone der italienischen Restaurants in Köln die wenigen Rosinen zu finden. Umso mehr freut es mich jedes Mal, wenn ich Ihnen mal wieder eine herauspicken kann, und dieses gemütliche, weitgehend mit rustikalem Holz möblierte Ristorante ist, um im Bild zu bleiben, eine besonders dicke: Wenn Sie Fans hausgemachter Pasta sein sollten, sind Sie hier im Nudel-Himmel typisch italienischer »casalingua« angekommen, und das zu erstaunlich niedrigen Preisen.

Aus Platzgründen fasse ich einfach zusammen, weil die Einzelheiten bei den Pastagerichten in diesem Fall gar nicht so erheblich sind und der sardische Inhaber Giovanni Capelli außerdem sowieso jeden Tag das Angebot wechselt. Wir hatten hervorragende Panzarotti mit Ricotta und Radiccio gefüllt in einer Sahnesauce mit Speckstückchen und Zwiebeln, eine klassische Spaghetti carbonara und mit Spinat gefüllte Tortelli in fein mit Muskat abgeschmeckter Spinatcreme. Ich gestehe, dass ich die Kombination aus Gnocchi, Thunfisch und frischen Steinpilzen insgeheim eigentlich nur bestellt hatte, um den Koch bei dieser noch nie gesehenen Kuriosität scheitern zu sehen: Aber nicht nur dass die Gnocchi hausgemacht sind, mit der Unterstützung von Tomaten und Petersilie passt das auch alles tatsächlich

zusammen, weil die aromatischen Steinpilze mit dem nicht allzu aufdringlichen Dosenthunfisch problemlos zurechtkommen. Je mehr der Überraschungseffekt und das Analysieren nachlassen, desto besser schmeckt es.

Auf der großen Schiefertafel, die als einzige Speisekarte fortwährend durchs Lokal getragen werden muss und deren großes Gestell die Kellnerinnen ständig zu kleinen Umwegen zwingt, stehen aber auch noch andere empfehlenswerte Spezialitäten: Die Pfanne mit gegrilltem Gemüse in Olivenöl wäre ebenso ein gelungener Auftakt wie die pikanten Salsiccia mit Rucola und Parmesan. Die ganze Dorade war superfrisch, saftig und zart, das Rumpsteak mit Tomatensauce, Oliven und Kapern durchgehend rosa.

Die offenen Weine in der Karaffe sind passabel und preiswert, aber da Sie ja schon beim Essen sparen, könnten Sie sich mal einen Wein wie den würzigen weißen Grecco di Tuffo als Flasche genehmigen, der mit allen Pastagerichten harmoniert. Im Service komplettieren die freundlichen Damen und der charmante, argentinische Oberkellner Marcello Lima mit Schlips und Schürze den gastfreundlichen Eindruck des Hauses. Wie ich eingangs schon sagte: Das ist eine dicke Rosine.

Thai Haus

Händelstraße 28
Telefon 24 55 04
täglich 17 – 24 Uhr

Vorspeisen ab 4,50
Hauptgerichte ab 8,50
Menüs: 3 Gänge für 2 Personen ab 55
Visa, MasterCard, American Express,
Diners Club, Ec-cash

Eine bis drei Chilischoten kennzeichnen auf der Speisekarte die Schärfegrade der Gerichte, um die europäischen Gäste darauf vorzubereiten, was da möglicherweise auf sie zukommen könnte. Aber keine Angst: Die Köche des Thai Haus kochen nie ganz so scharf wie in ihrem Heimatland üblich, was unsere nicht daran gewöhnten Gaumen wirklich überstrapazieren würde. Selbst die mit drei Schoten versehenen Spezialitäten halten immer die Balance zwischen Schärfe und Aroma der verschiedenen Zutaten, und auch die gar nicht gekennzeichneten Gerichte sind stets gut gewürzt. Das einzige Problem bleibt also, sich bei der großen Auswahl entscheiden zu müssen, weil eigentlich alles gut schmeckt.

Die Qualität der Produkte, Kräuter und Gewürze liegt wie die präzisen Garzeiten deutlich über dem Niveau der meisten asiatischen Restaurants, und weil die Fritteuse offensichtlich so gut gewartet wird, dass nichts fettig wirkt, kann man auch bedenkenlos die knusprigen Vorspeisen wie die sehr leckeren kleinen Frühlingsrollen, die Fischküchlein oder die Käsebällchen zum Auftakt bestellen. Die süß-sauerscharfen Saucen dazu haben jeweils einen eigenen Touch, der sich wohltuend vom gängigen Einerlei aus den Regalen der Asia-Märkte abhebt. Für die besonders empfehlenswer-

ten Salate und Suppen ist die Oma der sehr freundlichen Besitzerfamilie zuständig. Die klare Hühnerbrühe mit Reisnudeln, zartem Entenfleisch von den Keulen und Gemüse wird mit der Würze einer hausgemachten Paste aus Tamarinde, Knoblauch, Nelke und Zimt zu einer besonderen Delikatesse, der pikante Glasnudelsalat mit Hühnerfleisch, knackigen Scampi, asiatischen Morcheln und viel frischem Koriander ist ebenfalls einen Versuch wert. Aber auch die Hauptgänge mit den unterschiedlichen, offensichtlich ohne Geschmacksverstärker hergestellten Currypasten halten problemlos das Niveau. Zu meinen Favoriten zählen die zarten Rindfleischscheiben mit viel Zwiebeln, Möhren, Kartoffeln und Erdnüssen in mittelscharfer Massamancurrysauce.

Passend dazu trinken viele das typische Singha-Bier, aber auch die meist leicht fruchtig-süßen Cocktails wie der Bangkok Night aus Whisky, Campari und Cointreau harmonieren gut mit der thailändischen Küche.

Die Atmosphäre in dem weitgehend in dunkelroten Farbtönen gehaltenen Restaurant ist sehr entspannt, der Service kümmert sich immer aufmerksam und freundlich um die Gäste. Insgesamt steht das Thai Haus also als sehr zuverlässige Adresse in der Reihe der asiatischen Lokale ganz vorne.

Vintage

Hahnenstraße 37
Telefon 92 07 10
www.weinseminare.de
Mo – Sa 12 – 24 Uhr, Küche 12 – 15 und 18 – 23 Uhr,
Sa durchgehend, So Ruhetag

Vorspeisen ab 11,50
Hauptgerichte ab 23,50
Menüs: 3 – 4 Gänge ab 45
Visa, MasterCard, American Express, Ec-cash

Nachdem Claudia und Michael Stern seit dem Umzug in den Riphahn-Bau sich endgültig zur führenden Kölner Eventlocation in Sachen Kochen und Wein entwickelt haben, hat nun auch der junge Chefkoch Jonah Ramos mit seinem kleinen Team noch einmal ordentlich nachgelegt. Mit neuer Speisekarte und hohem Anspruch bastelt er kontinuierlich an der Qualität seiner Zubereitungen, und was dabei herauskommt, ist schlichtweg sehr beeindruckend. Mit hervorragenden Produkten und Zutaten, durchweg präzise und sehr sorgfältig abgeschmeckt, serviert Ramos nun interessante Gerichte, die vom Stil her dem Status quo der neuen Entwicklungen in der deutschen Spitzengastronomie entsprechen. Wenn er so weitermacht, wäre es nicht überraschend, wenn er sich eines Tages sogar dort einreihen würde.

Nach dem Motto »Alles ist möglich, wenn es nur gut zusammenpasst« kombiniert er zum Beispiel eine perfekt gebratene Taubenbrust in Scheiben mit dezenter Ingwerjus, fruchtigen Herzkirschen, erdiger Petersilienwurzel und knusprigem Sesam-Erdnusskrokant als Vorspeise. Genauso stimmig: verschiedene Häppchen vom Eifeler Kaninchen, dabei unter anderem ganz leicht geräucherter Bauch, der Rücken unter einer Bröselkruste von Pistazien und Schwarzbrot, dazu pochierte Aprikose – wieder eine sehr gelungene Sym-

biose von herzhafter Aromatik und feinfruchtiger Süße als Kontrast. Selbst ein handwerklich aufwendiger und bildschöner Gang wie der mit einer Kräuterfarce gefüllte Bachsaibling im knusprigen Weinblatt zu einer Mischung aus Weißweintrauben und Pfifferlingen mit Basmatireis-Velouté wirkt bei ihm wie mit leichter Hand zusammengestellt, als ob es ganz einfach wäre.

Bei einer so kompetenten Sommelière wie Claudia Stern die Weinkarte zu kommentieren hieße Eulen nach Athen tragen. Neben den hervorragenden Flaschenweinen aus Deutschland und aller Welt gibt es natürlich immer eine ganze Reihe von Weinen, die offen ausgeschenkt werden. Da lassen Sie sich einfach vom ebenso kompetenten wie freundlichen Service beraten.

Die bistroartige Einrichtung mit kleinen Tischen, der großen Bar und dem schönen bibliotheksartigen Rundzimmer entspricht moderner Szenegastronomie, im Sommer sorgt die große Dachterrasse außerdem besonders beim Sonnenuntergang über dem Hahnentor trotz des nahen Neumarkts für Momente von Großstadtromantik, die man in der Kölner Innenstadt sonst nur selten erleben kann.

Wein am Rhein

Johannisstraße 64
Telefon 91 24 88 85
www.weinamrhein.eu
Mo – Fr 12 – 14.30, täglich 18.30 – 22 Uhr

Vorspeisen ab 5,80
Hauptgerichte ab 18,80
Menüs: 4 Gänge ab 39
Visa, MasterCard, Ec-cash

Als »Georgi – Wein am Rhein« ist dieses neue Weinrestaurant zunächst gestartet, doch nachdem der ehemalige Sommelier aus dem Bensberger Schloss Lerbach nicht mehr dabei ist, heißt es eben nur noch Wein am Rhein. Macht aber nichts, denn Anspruch und Weinkompetenz sind auf dem hohen Level geblieben: Jetzt stellt Inhaber Werner Bouhs gemeinsam mit der charmanten Restaurantleiterin Veronika Bauer die Weinkarte zusammen.

Auch die Einrichtung des ziemlich großen, durchdesignten Lokals mit der voll verglasten Front ist dem Wein gewidmet, und natürlich gibt es ein erstklassiges Angebot an offenen Weinen und noch mehr Flaschen. Wenn Sie sich nicht entscheiden können, nehmen Sie einfach das Weinmenü oder das Überraschungsmenü mit Weinbegleitung, dann ist alles genau auf die jeweiligen Gerichte abgestimmt. Die gehören in die Kategorie moderne deutsche Küche und zeichnen sich durch hohe Produktqualität, sorgfältige Zubereitung, perfekte Garzeiten und aromatische Balance aus. Mit Philipp Schneider, der vorher bei Dieter Müller gekocht hat, steht endlich mal wieder ein Könner am Herd, der sich traut, geradlinig ohne Firlefanz zu kochen, sich auf den Eigengeschmack der Zutaten verlässt und mit feinen, klassischen Saucen oder Jus nicht mehr als harmonierende Akzente

setzt. Um nur einiges hervorzuheben: Glasig gegarter Polarsaibling, der auf der Zunge zergeht, mit frischem Spinat und Schnittlauch-Stampfkartoffeln, Meeräsche mit dicken Bohnen, Paprika und Artischocken im Tomatensud oder die extrem saftig-zart geschmorte Rinderschulter in dunkler Balsamico-Jus mit Spitzkohl und Polenta sind sehr zu empfehlen. Bei den Vorspeisen gilt dasselbe für ein exzellentes, von Hand geschnittenes Tatar mit Kapern, Tapenade-Croûtons und Knoblauchmandelcreme, die leicht säuerliche Kalbskopfterrine mit Flusskrebsen und kleinem Salat in Kapern-Vinaigrette oder die erstklassigen Jakobsmuscheln mit Blumenkohl als Röschen und Püree mit gerösteten Mandeln. Kenner der Materie werden sich über ganz einfache badische Kutteln freuen, nur mit Crème fraîche und etwas Champagner versetzt.

Mit den Desserts setzt die Patissière noch eins drauf: Hauchdünn glasierte Schokoladen-Krokantblättchen trennten üppige Milchschokoladencreme, daneben lagen ein superbes Nougat-Eis und Würfel von hochreifer Mango mit Orangenzesten – ein Traum von einem Dessert.

Toll und Teuer

Alfredo

Tunisstraße 3 (Am Opernhaus)
Telefon 257 73 80
www.ristorante-alfredo.com
Mo – Fr 12 – 15 und 18 – 23.30 Uhr, Sa/So/Feiertag Ruhetag

Vorspeisen ab 12
Hauptgerichte ab 19
Menüs: 5 Gänge ab 65
American Express, Ec-cash

Scheinbar mühelos behauptet Roberto Carturan mit dem Alfredo nun schon seit mehr als einem Jahrzehnt die Spitzenstellung als Kölns bestes italienisches Ristorante. Carturan, der das schlicht elegante, in hellgrauen Farbtönen gehaltene Lokal mit nur zehn Tischen von seinem Vater Alfredo übernommen hat, kocht italienische Gerichte auf puristisch moderne Art mit erstklassigen Produkten, einem hochsensiblen Gespür für die Balance der Aromen und faszinierender handwerklicher Sorgfalt. Besonders die Zubereitungen mit Fisch, Meeresfrüchten und Muscheln sind immer superb und von bestechender Leichtigkeit. Zu Carturans Klassikern bei den Vorspeisen gehört Tatar von rohen Fischen wie der Dorade in immer neuen Variationen. Egal ob er ein solches Tatar zwischen blanchierten Zucchinischeiben mit knackigen Langoustinos und geschmorter Tomate kombiniert und lediglich mit allerfeinstem Olivenöl und ein paar Tropfen altem Balsamico perfekt abrundet oder die taufrischen Würfelchen mit etwas geriebener Zitronenschale und Schnittlauchröllchen gewürzt einfach nur auf das Herz einer Artischocke legt – das macht dem immer gut gelaunten Küchenchef in dieser schwerelosen Vollendung mediterraner Aromatik auch deutschlandweit so schnell keiner nach. Neben Wolfsbarsch und Steinbutt lie-

gen oft Vongole-Muscheln in wunderbar leichter Emulsion von Muschelsud, Olivenöl und frischen Kräutern wie Dill, Kerbel und Petersilie.

Carturan kann aber auch herzhaft. Seine Pastagerichte wie die Pappardelle mit dem Sugo aus geschmortem Entenfleisch von der Keule sind bei den Stammgästen schon legendär. Hauptgerichte wie geschmorte Ochsenbäckchen in intensiver Rotweinjus mit Fenchel und Polenta oder Lammcarré mit verschiedenen Gemüsen erfüllen problemlos höchste Ansprüche, ebenso wie die tollen Desserts.

Zusätzliches Vergnügen macht die verbindliche, freundliche Art aller Beteiligten im Service. Der Chef trägt das Tagesangebot mit charmanter Grandezza am liebsten selbst vor, während seine Frau Susanne und Sommelier Davide Florian, der für das erlesene italienische Weinangebot zuständig ist, dafür sorgen, dass sich die Gäste rundum wohlfühlen. Und wenn Roberto Carturan, der ausgebildeter Opernsänger ist, immer freitagabends nach dem Essen italienische Lieder und Arien zu Klavierbegleitung vorträgt, dann versinkt zwar nicht die Sonne bei Capri, aber das ganze Lokal taucht ein in die Seele kölsch-italienischer Lebensfreude.

Gourmetrestaurant Lerbach

Nils Henkel im Schlosshotel Lerbach
Lerbacher Weg, 51429 Bergisch Gladbach
Telefon 02202-2040
www.schlosshotel-lerbach.com
Di – Sa 12 – 14 und 19 – 22 Uhr, So/Mo Ruhetag

Vorspeisen ab 44, Hauptgerichte ab 56
Menüs: ab 135
alle gängigen Kreditkarten

Seit Nils Henkel alleiniger Küchenchef des hoch dekorierten Spitzenrestaurants ist, hat er nicht nur sofort für frischen Wind auf der Speisekarte gesorgt. Das Gourmetrestaurant wurde umbenannt und komplett renoviert. Modernes Design und edle Naturmaterialien wie Holz, Stein und Glas sorgen nun für einen zeitgemäßen wie schwerelos eleganten Rahmen. Seine kulinarische Visitenkarte gibt Henkel nicht nur bei den A-la-carte-Gerichten, sondern auch mit seinem großen 7-Gänge-Menü ab. Offenbar völlig unbelastet von dem Druck, der auf dem Nachfolger von Dieter Müller liegt, zieht Henkel mit seinem Team alle Register großartigen Kochhandwerks auf Spitzenniveau.

Schon die verschiedenen Appetithäppchen zum Auftakt machen sofort Lust auf mehr, und dann geht es auf schlichtem weißen Porzellan so richtig rund. Drei Mal Entenleber als Praline in Kakao gewälzt, mariniert zwischen knusprigen Plättchen und geschichtet mit papierdünnem Speck dazwischen, abgerundet durch getupfte Haselnusscreme, PX-Essig-Geleewürfel und einen Pinselstrich von geschmorter Quitte als erster Gang, danach ein dickes Seezungenfilet von sensationeller Qualität, perfekt leicht glasig gegart, mit marinierter Schwertmuschel, Piniencreme und hocharomatischem Sugo von andalusischen Tomaten. Ebenso herausragend der

Langostino mit süß-pikanten roten Zwiebeln im Raviolo und weißen Zwiebeln als Zugabe in einer grünen Koriander-Emulsion, offensiv gewürzt, aber absolut stimmig bei der Balance der einzelnen Aromen. Selbst die spanisch inspirierte und durchaus gewagte Kombination aus sehr zart-saftigen Würfeln vom erstklassigen Schweinebauch, Oktopus, mit Räucherspeck abgestimmtem Erbsenpüree und einem tiefgründig schwarzen, leicht gebundenen Lorbeersud wirkt in sich schlüssig. Nicht nur bei diesem Gang zeigt Henkel, dass er die Darstellung verschiedener Texturen ebenso meisterhaft beherrscht wie den zurückhaltenden Einsatz neuer Kochtechniken. Mit ihm ist die Lerbacher Gourmet-Küche also auch in der kulinarischen Moderne angekommen.

Die bildschönen Desserts sind von bewährter Klasse: erst ein mit asiatischen Zutaten abgestimmtes Kokossüppchen mit rotem Curry und sehr cremigem Sorbet von Litschi und Ingwer als Auftakt, dann ein Schokoladenfondant mit einer gelben Halbkugel von Gewürzorangencreme – eine Wonne zum üppigen Rotweineis mit Glühweingewürzen. Der junge Sommelier Thomas Sommer sorgt für die souveräne Weinberatung. Damit ist das Gourmetrestaurant Lerbach in jeder Hinsicht wieder ganz oben in der deutschen Spitzenklasse vertreten.

Gut Lärchenhof

Hahnenstraße, 50259 Pulheim-Stommeln
Telefon 02238 – 923 10 16
www.restaurant-gutlaerchenhof.de
täglich 12 – 14 und 18 – 22 Uhr

Vorspeisen ab 21
Hauptgerichte ab 29
Menüs: 4 – 8 Gänge ab 65
Visa, MasterCard, American Express, Diners Club, Ec-cash

Auf die Idee, im Clubhaus einer – wenn auch sehr renom-
mierten – Golfanlage ein Luxusrestaurant zu etablieren, muss
man erst mal kommen. Aber Peter Hesseler, dem auch das La
Société im Kwartier Latäng gehört, hat den schwierigen Spa-
gat zwischen Golf und Gourmetküche erfolgreich bewältigt.
Für die kulinarisch genügsameren Golfer gibt es eine Bistro-
karte, für anspruchsvollere Gäste den durch das elegantere
Eindecken der Tische unterschiedenen Restaurantbereich.
Die großen Fenster mit Blick auf das natürlich sehr gepflegte
Grün der Anlage und die helle Atmosphäre des gesamten
Raumes unter der Holzdachkonstruktion ergeben jedenfalls
ein freundliches Ambiente, in dem man sich gleich wohl-
fühlt. Erst recht, wenn Bernd Stollenwerk mit seinem Küchen-
team loslegt. Es gibt ein kleines Menü, einige A-la-carte-
Gerichte und das große Degustationsmenü zwischen »Tra-
dition und Innovation«. Innovativ ist dabei der Einsatz neuer
Kochtechniken und das kreative Spiel mit ungewöhnlichen
Kompositionen, traditionell die Verwendung erstklassiger
Produkte.
  Den kleinen Kuchen der Gänseleber und die Praline da-
raus kontrastiert Stollenwerk etwa mit fruchtig frischem
Himbeer- und Ziegenfrischkäsenuancen, die gebratene Ja-
kobsmuschel harmoniert prächtig mit Morcheln, Erbsen-

schoten- ravioli und einer fein säuerlichen Limonenmarmelade. Glasiertes Kalbsbries mit Vanilleschote zu herzhaft eingelegtem Rettich und Confit von weißen Zwiebeln, Seezungenfilet mit warmem Kartoffel-Bärlauchsalat und in Baroloessig gedünsteten Schalotten oder zartes Schweinekinn mit hauchdünner, krosser Schwarte, gebackenem Tatar auf Belugalinsen – alles viel kleinteiliger ausgeführt als hier beschrieben – sind durchweg hervorragende Beispiele dafür, wie sehr sich der sehr ambitionierte Küchenchef weiterentwickelt hat. Die Garzeiten sind perfekt, die Balance der Aromen ist immer im Lot, außerdem setzt Stollenwerk die Kontraste zwischen weich und bissfest bei den einzelnen Komponenten richtig.

Die Desserts der neuen Patissière sind hinreißend, egal ob sie Zitrusfrüchte als Gelee, Sorbet und Espuma variiert oder Valrhonaschokolade zu warmem Törtchen, üppiger Mousse und knuspriger Praline verarbeitet und mit griechischem Joghurt und Erdbeeren flankiert. Der lockere Service lässt keine Wünsche offen, der neue Sommelier Andreas Endl ist ebenso kommunikativ wie kompetent, die Weinkarte spektakulär. Kein Wunder, dass dieses Spitzenrestaurant vor den Toren Kölns inzwischen zu den besten fünfzig in Deutschland gehört – mit Tendenz nach oben.

Husarenquartier

Schlossstraße 10, 50374 Erftstadt-Lechenich
Telefon 02235 – 50 96
www.husarenquartier.de
Mi – So 12 – 14 und 19 – 22 Uhr, Mo/Di Ruhetag

Vorspeisen ab 18
Hauptgerichte ab 26
Menüs: 3 – 5 Gänge ab 45
Visa, MasterCard, American Express, Diners Club, Ec-cash

Es hat sich einiges getan in dem ehemaligen Offiziersquartier der Husaren, wo das Spitzenrestaurant von Herbert Brockel untergebracht ist. Der Raum wurde komplett renoviert, das in die Jahre gekommene Mobiliar zeitgemäß gegen schlicht elegante Polsterstühle und Holztische ausgetauscht. Auch die Lichtgestaltung und die Bilder an den Wänden entsprechen dem neuen Ambiente, das dadurch insgesamt erheblich an Leichtigkeit gewonnen hat, ohne die charakteristische Atmosphäre der alten Barockvilla auch nur im Geringsten zu beeinträchtigen.

Gleichzeitig hat Brockel seine Art zu kochen mehr in Richtung heute angesagter Stilistik entwickelt, und dabei kommen verstärkt die von der spanischen Avantgarde ausgehenden neuen Kochtechniken und Zubereitungsarten zum Zug. Natürlich setzt der Küchenchef wie immer auf höchste Sorgfalt bei den Garzeiten und erstklassige Produkte, die nun zwar häufiger mit ungewohnten Beilagen kombiniert werden, sich aber trotzdem immer geschmacklich zu einem harmonischen Gesamtbild ergänzen. Medaillons vom Seeteufel in hauchdünnem Pancetta werden von dreierlei Cremes aus Spinat, Passionsfrucht und Kaffee, Pinienkernen und frischen Spinatblättchen flankiert, die perfekt abgeschmeckte Bärlauchsuppe ergänzt ein hausge-

machtes Würstchen aus Schneckenragout. Das bei Niedrig-
temperatur gegarte Fleisch aus der Milchlammkeule hat
einen so intensiven Eigengeschmack, dass es nicht mehr als
eine Kartoffelcreme mit schwarzem Hawaii-Salz, ein paar
Tropfen erstklassiges Olivenöl und eine zweite Creme aus
Paprika und Auberginen braucht, um aus bewährt klassischen Zutaten ein neuartiges Geschmackserlebnis zu bereiten. Auch sehr gelungen die Idee, das Aroma von Tomaten
in Form eines »Kölsch« zu präsentieren: Die heiße Consommé im Glas mit weißem Schaum darauf sieht tatsächlich aus wie ein gezapftes Bier, zu dem der rote Geleewürfel
mit dickflüssiger Creme vom Büffelmozzarella frisch-fruch-
tige Kontraste liefert.

Jutta Brockel und ihr junges Service-Team sorgen wie
immer für den ausgesprochen herzlichen und ungezwunge-
nen Service, die Weinkarte bietet viele hervorragende Weine
zu trinkfreundlichen Preisen und die Gestaltung der unterschiedlichen Menüs erlaubt den Gästen eine Auswahl, bei
der sie selbst entscheiden können, wie teuer der Besuch hier
werden soll. Das sind schon eine Menge guter Gründe für
einen kurzen kulinarischen Ausflug in das Husarenquartier,
das unter den 100 besten Restaurants Deutschlands zu den
preiswertesten gehört.

La Société

Kyffhäuserstraße 53
Telefon 23 24 64
www.lasociete.info
täglich 12 – 14.30 Uhr und 18.30 – 23 Uhr

Vorspeisen ab 29
Hauptgerichte ab 32
Menüs: 6 Gänge ab 95 (Überraschungsmenü ab 67)
Visa, MasterCard, American Express, Ec-cash

Dieses kleine Restaurant mit dem wechselnden (und durch die Einrichtung immer etwas kurios wirkenden) Ambiente im Kwartier Latäng direkt neben der Zülpicher Straße hat sich im Lauf der Jahre kontinuierlich und in jeder Hinsicht zum Inbegriff eines großstädtischen Sternelokals entwickelt. Lockerer und geschmeidig eingespielter Service, eine erstklassige Weinkarte inklusive kompetenter Weinberatung durch Sommelier Sascha Bauer und ein bewährtes Team in der winzigen Küche tragen zum äußerst positiven Gesamteindruck bei.

Der durch seine TV-Auftritte bekannte Mario Kotaska und Dominic Jeske, der mehr im Hintergrund wirkt, aber sein Handwerk genauso sicher beherrscht wie der Promi-Kollege, präsentieren erstaunlicherweise sogar täglich ihre »Cuisine créative« auf hohem Niveau ohne nennenswerte Schwächen. Nach einer etwas verspielten Phase, in der die beiden es mit den ungebremsten Porzellan- und Produktkombinationen manchmal etwas übertrieben, sind die Strukturen ihrer Gerichte wieder klarer geworden, was mir insgesamt besser gefällt. Vor allem, weil die Originalität ihres Kochstils keineswegs zu kurz kommt und die Zubereitungen immer wieder Überraschungen zu bieten haben. So kommt zum Beispiel die superbe Seezunge als mit Sepiatinte

schwarz gefärbte Maultasche zum Garnelenragout, geschmortem Kopfsalat und Bärlauchsauce richtig zur Geltung. Schön puristisch dagegen das Filet vom gebratenen Steinbutt mit präzise abgeschmecktem Schaumsüppchen und drei Croûtons mit Kaviar von Hering, Forelle und Osietra-Stör, ebenso das Rotbarbenfilet auf einem ungewöhnlichen Parmesanflammérie mit warmer Auster und Austernvinaigrette – alles aromatisch einwandfrei ausbalanciert. Selbst ein eher rustikal angelegtes Gericht mit Segreto vom Ibérico und Spießbraten vom Spanferkelbauch zu Rahmkohlrabi und einer deftigen Sauce aus geschmorten Zwiebeln und geräuchertem Speck heben die Köche problemlos auf Feinschmeckerniveau. Ihr Faible für die Variationen eines Produkts zeigen sie beim Langoustino, der im Ganzen, als Tatar, Consommé und mit knusprig kontrastierendem, mit frischem Koriander gewürztem Chip angeboten wird, und beim Dessert mit Buttermilch, die sie als Stracciatella-Eis mit edlen Schokoladenplättchen, als Mousse und intensiv mit Limone aromatisierte Parfaitschnitte zum süßen Abschluss präsentieren. So behauptet das La Société weiterhin seinen Platz unter den besten Restaurants in Köln und hält auch im bundesdeutschen Großstadtvergleich in seiner Kategorie jedem Vergleich stand.

La Vision

im Hotel im Wasserturm
Kaygasse 2
Telefon 20 080
www.hotel-im-wasserturm.de
Di – Sa 18.30 – 22.30 Uhr, Mo Ruhetag

Vorspeisen ab 18
Hauptgerichte ab 24
Menüs: 3 – 6 Gänge ab 73
Visa, MasterCard, American Express, Diners Club, Ec-cash

Glücklicherweise hat das Management von Kölns schönstem Designhotel nach dem Weggang von Hendrik Otto, der dem La Vision den ersten Stern erkochte, nicht den Anspruch aufgegeben, das kulinarische Niveau zu halten. Der neue Küchenchef Hans Horberth kommt aus Frankfurt, brachte seinen Stern von dort mit und hat gleich in seinem ersten Jahr eine rasante Entwicklung hingelegt. Horberth pflegt einen modernen, deutsch-mediterranen Kochstil und setzt natürlich auf absolut erstklassige Produkte. Was ihn aber aus der Kölner Ein-Sterne-Riege deutlich emporhebt, sind seine ungewöhnlichen, eher puristisch angelegten Kombinationen, die er auch handwerklich absolut souverän meistert.

Zwei Menüs stehen auf der kleinen Speisekarte, aus denen man aber kreuz und quer bestellen kann, dazu kommen noch einige Empfehlungen. Zu denen zählten im Sommer die Heringsfilets auf erstklassigen Bratkartoffeln und einem Gelee von Bratheringen mit einem Sorbet aus Dillgurken – eine Feinschmeckerversion des deutschen Klassikers auf höchstem Niveau. Ebenfalls zum Schmecken und Staunen war die südeuropäische Interpretation des Kabeljaus im Suppenteller: lediglich mit feinstem Olivenöl und Limone marinierte Scheiben des Fisches, aufgegossen mit heißem Fischsud, dazu kleine weiße Bohnen, Passe-pierre

und frittiertes Stockfischpüree. Königskrabbe in leichtem Schaum vom Mimolette-Käse mit Pfifferlingen und Spargel, gegrillte Hinterbäckchen vom schwarzen Ibérico-Schwein mit kleinen, glasierten Artischocken, dazu Knollensellerie als krosse Chips und Creme sowie eine sehr aromatische Madeira-Jus, Rotbarbenfilet auf Basmati-Reis mit säuerlich-fruchtigen Berberitzen, Kapern, Curry und Kurkuma, abgerundet durch eine Soja-Joghurtcreme – jeder Gang war ein gelungenes Spiel unterschiedlicher Texturen und gut ausbalancierter Aromatik. Auch das Eis, die Mousse und das warme Schmandtörtchen von Schafsmilch mit kandierten und fein gehackten schwarzen Oliven zu leicht confierten Orangenfilets ergänzten sich geschmacklich wunderbar.

Alles andere entspricht der Klasse des Essens: das schlicht-elegante Ambiente in Grau- und Rottönen, die Aussicht durch die verglaste Front des 11. Stocks und der professionelle, gleichzeitig aufmerksame und lockere Service unter der Leitung von Michael Walteich, der eine herausragende Weinkarte bereithält und sehr kompetent berät. Und so ambitioniert wie hier alle Beteiligten zur Sache gehen, ist ein weiterer Aufstieg in noch höhere Ränge der gesamtdeutschen Gourmetklasse eigentlich nur eine Frage der Zeit.

L'Escalier

Brüsseler Straße 11
Telefon 205 39 98
www.lescalier-restaurant.de
Di – Fr 12 – 14, Mo – Sa 18.30 – 22 Uhr, So Ruhetag

Vorspeisen ab 12
Hauptgerichte ab 28
Menüs: 3 – 6 Gänge ab 42
Visa, MasterCard, Ec-cash

Mittlerweile ist dieses unprätentiöse kleine Feinschmecker-restaurant mit der dreistufigen abwärtsführenden Treppe am Eingang schon gar nicht mehr aus dem Belgischen Viertel wegzudenken. Niedriger kann eine Hemmschwelle, falls Sie so etwas gegenüber der Sternegastronomie haben sollten, gar nicht sein. Jens und Melanie Dannenfeld folgen konsequent ihrer gastfreundlichen Ideologie von anspruchsvoller Küche für jedermann, was sich nicht nur in den für diese Kategorie vergleichsweise sehr moderaten Preisen des Essens (besonders der verschiedenen Menüs) und der kompetent ausgewählten Weine niederschlägt.

Dannenfeld ersetzt klassische Luxusprodukte wie Hummer, Kaviar oder Steinbutt problemlos durch erstklassige Produkte aus deutschen Landen wie Hecht und Zander oder Fleisch und Wild aus der Eifel. Dass er ebenso viel Wert auf hochwertige Gemüsequalität legt, beweist er unter anderem durch einen geschmorten Kopfsalat mit Tomaten- und Kohlrabiwürfeln, Kürbiskernen und frischen Kräutern in leichter Vinaigrette. Dem Spargel zum Felchenfilet gewinnt er mit marinierten Spitzen, einer leichten Crème brûlée und einer Terrine aus Weiß und Grün gleich drei interessante, delikate Varianten ab. Der erstklassige Kabeljau lag auf mit frischem Bärlauch gemischtem Spinat zu glasierten Karotten mit ge-

hacktem Ingwer, die handwerklich und geschmacklich perfekte Terrine war mit grünen und dicken Bohnen und Radieschen passend abgestimmt. Die Garzeiten bei den superzarten Nüsschen vom Rehrücken mit Gnocchi und frischen Morcheln stimmten ebenso wie bei der rosa gebratenen Lammkrone, die dunklen Saucen dazu sind intensive Jus.

Auch die Desserts, wie alle anderen Gerichte immer jahreszeitlich beeinflusst, entsprechen dem durchweg hohen Niveau: Schaumige Rhabarbermousse mit einem Gelee von Veilchen darauf, das schön bissfeste Ragout von den Stangen sowie warmes Küchlein und Eis vom selben Gemüse halten exakt die Balance zwischen Frucht, Süße und Säure.

Das Ambiente mit ledergepolsterten Stühlen und Bänken, Holztischen und weißem Tuch entspricht der lockeren Atmosphäre des kleinen Restaurants. Melanie Dannenfeld berät souverän bei der passenden Weinauswahl zu den jeweiligen Gängen, und das Serviceteam kümmert sich aufmerksam um die Gäste. Wenn Sie immer schon mal in ein Sternerestaurant gehen wollten, aber sich bisher – warum auch immer – noch nicht trauten, wäre das L'Escalier zweifellos die richtige Adresse für den ersten Versuch. Und vermutlich wird es nicht bei einem Besuch bleiben.

Le Moissonnier

Krefelder Straße 25
Telefon 72 94 79
www.lemoissonnier.de
Di – Sa 12 – 15 und 19 – 24 Uhr, So/Mo Ruhetag

Vorspeisen ab 16,50
Hauptgerichte ab 34
Menüs: 4 – 6 Gänge ab 62,50
Visa, MasterCard, Maestro, Ec-cash

Nach fast 25 Jahren, in denen sich dieses typisch französische Edelbistro mit den eng gestellten kleinen Tischen, den im Jugendstil bemalten Wänden und den großen Spiegeln kontinuierlich zum außergewöhnlichsten und besten Restaurant der Stadt entwickelt hat, müsste man Le Moissonnier ja eigentlich bald einmal ein gastronomisches Denkmal setzen. Aber das würde eigentlich weder der »international-verrückten Küche« von Chefkoch Eric Menchon und seinem Team gerecht, noch dem quirligen Patron Vincent Moissonnier und seiner neuerdings verjüngten, rein weiblichen Service-Brigade. Seit dem Aufstieg in die Zwei-Sterne-Klasse des Michelin wirken Menchons Kreationen noch pointierter und in höchstem Maß aromatisch ausbalanciert. Was in seiner Küche mit hohem Aufwand bei der Zubereitung und unter Einsatz modernster Technik gekocht wird, ist eine immer wieder neu umgesetzte, augenzwinkernde Hommage an alle Küchentraditionen dieser Welt auf höchstem Niveau. Nichts fürchten Menchon und Moissonnier mehr als Langeweile auf dem Teller, also her mit allen Gewürzen und Kräutern, aber immer sinnvoll eingesetzt. So harmoniert 24 Stunden lang im Vakuum gegarter Bauch vom münsterländischen Milchferkel problemlos mit Limetten-Consommé, hausgemachten Weißwürstchen in Kümmelöl auf knusprig gebra-

tenem Reis und grünem Spargel mit Haselnüssen. Bretonische Rotbarbenfilets bekommen mediterranes Flair durch Tapenade-Öl und gelierte Bouillabaisse mit Sardine, arabische Nuancen durch Kichererbsenpüree mit Melisse und einen noch einmal ganz eigenen Touch durch die Würze von Auberginensenf. Das dicke Filet vom superben Steinbutt liegt zwischen Blätterteig, begleitet von konfiertem Sellerie mit Trüffelöl, Frikassee von Saubohnen und Gnocchi mit Pumpernickelmousse.

Die Desserts sind immer ein üppig-süßer Traum von Cremes, Küchlein, Mousse und Frucht wie bei der Haselnuss-Mousse auf einer Mandelgalette neben pochierter Birne in dunkler Schokoladensauce, Birnensorbet und aufgeschäumtem Schokoladen-Cappuccino.

Dazu bietet Vincent Moissonnier eine ganze Reihe sehr sorgfältig ausgesuchter Weine glasweise an, und seine Weinberatung ist so perfekt auf das Essen abgestimmt, dass ich ihm die Auswahl schon wegen des Überraschungseffekts gerne überlasse. Und wenn das hoffentlich noch 25 Jahre so weitergeht, setze ich diesem Ausnahmerestaurant doch noch ein Denkmal. Verdient hätte Le Moissonnier es jetzt schon.

Vendôme

im Grandhotel Schloss Bensberg
Kadettenstraße 2, 51429 Bergisch Gladbach
Telefon 02204 – 42 19 40
www.schlossbensberg.com
Mi – So 12 – 15 und 19 – 21 Uhr, Mo/Di Ruhetag

Vorspeisen ab 24
Hauptgerichte ab 44
Menüs: bis 24 Gänge ab 111
Visa, MasterCard, American Express, Diners Club, Ec-cash

Um es vorwegzunehmen: Ein Essen im Vendôme gehört in jeder Hinsicht zu den großartigsten Erlebnissen, die die kulinarische Welt momentan zu bieten hat. Joachim Wissler, schon seit Jahren in sämtlichen Gastronomieführern mit den höchsten Bewertungen ausgezeichnet, ist nicht nur in Deutschland an der Spitze angekommen, sondern gehört inzwischen auch in die Riege der weltbesten Köche, die von dem Spanier Ferran Adrià angeführt wird. Dessen avantgardistische Grundideen hat Wissler verinnerlicht und setzt diese Philosophie grandios auf ganz eigene Art um.

Seine neueste Visitenkarte sind zwei große Menüs mit einer Abfolge von bis zu 25 kleinen Gerichten, deren Schönheit und aromatische Dramaturgie hinreißend ist. Parmesan in Form von Zuckerwatte, als festes Korallengebilde und als luftiger Schaum, dazu Himbeeren, Panna cotta von der Gänseleber, Basilikum und nussige, popcornähnliche Amaranth-Brösel, Auster mit Streifen vom grünen Apfel zu gelierten Perlen vom Sauerkrautsaft mit Apfel-Wasabi-Schaum. Gegrillter Langoustino mit einer Creme der Innereien im klaren Tonic-Ingwer-Sud, Basmatireis, frischen Mandeln, Gemüse aus Spargel und Algen, Esspapier aus japanischem Dashi-Sud. Rücken und Bauch vom Milchferkel, gebratene Blutwurst, Mango-Zwiebelgemüse mit Berglinsen und Lieb-

stöckeljus. Arme Ritter von Brioche, Preiselbeeren, Mascarpone-Creme und Eis vom Single-Malt-Whisky. Das sind nur einige, auf dem Teller noch viel filigraner ausgeführte Beispiele perfekter Zubereitungen, die immer wieder neue Überraschungen bieten, ohne jedoch zu verwirren. Die Qualität der eingesetzten Produkte ist nicht zu überbieten, alles wirkt leicht, wie selbstverständlich zusammengehörend und ist in höchstem Maße ein Genuss für alle Sinne.

Seit der kompletten, stilsicheren Renovierung des ehemaligen Kadettenhauses ist auch das puristisch dezente Ambiente des Luxusrestaurants der passende Rahmen für diese Weltklasse-Inszenierung, Restaurantleiter Miguel Calero sorgt mit seinem Serviceteam ebenso locker wie aufmerksam für das Wohl der Gäste und Sommelière Romana Echensperger auf herzlich charmante Art für Harmonie bei der Weinbegleitung.

Wenn Sie also einmal erleben wollen, was heutzutage in der obersten Etage der weltweiten Spitzengastronomie möglich ist, müssen Sie nicht mehr ins Ausland fahren. Gehen Sie ganz einfach zu Joachim Wissler essen – die kurze Fahrt nach Bensberg ist eine Reise ins kulinarische Glück.

Zur Tant

Rheinbergstraße 49
Telefon 02203 – 818 83
www.zurtant.de
Fr – Mi 12 – 14.30 Uhr und 18 – 22 Uhr, Do Ruhetag

Vorspeisen ab 16
Hauptgerichte ab 30
Menüs: 4 – 6 Gänge ab 70
alle gängigen Kreditkarten

Vom linksrheinischen Köln aus gesehen ist es schon fast ein
Ausflug zu diesem Fachwerkhaus in Porz-Langel, wo Küchenchef Franz Hütter, ursprünglich aus der südlichen Steiermark,
seit mehr als dreißig Jahren eines der besten Restaurants
der Stadt führt. So unbeirrt, wie der Rhein direkt unterhalb
des an schönen Sommerabenden sehr einladenden Balkons
vorbeifließt, so unbeirrt verfolgt Hütter zusammen mit seinem Sohn die Linie klassischer Gourmetküche auf hohem
Niveau bei Produktqualitäten, sorgfältiger Zubereitung und
präzisem Abschmecken. Selbst eine scheinbar so einfache
Vorspeise wie die zarten Scheiben von schön zurückhaltend
geräucherter Entenbrust mit kleinem Salat in feiner Vinaigrette ist hier erstaunlich delikat, verblasst aber leicht gegen die Trilogie von Hummer, Gänseleber und Fenchel, die
als dreifach geschichtete Terrine auf den Teller kommt: Die
Hummerstückchen in aromatischem Gelee eingefasst, darüber die marinierte Gänseleber, abgedeckt mit einer Mousse
aus püriertem Fenchel – alles sehr harmonisch aufeinander
abgestimmt.

Insgesamt bietet die Speisekarte eine an der jeweiligen
Saison orientierte Mischung aus österreichischen, mediterran beeinflussten Gerichten und zeitlosen Zubereitungen
wie dem auf der Haut gebratenen Bachsaibling zu lauwar-

mem Spargelsalat und einer leicht cremigen Schnittlauch-
sauce. Zu Hütters Klassikern gehören neben den immer sehr
empfehlenswerten Desserts seit eh und je die Wildgerichte:
Die saftige Keule vom Maibock in der klaren Wacholderjus
mit kurz sautiertem Spitzkohl, Selleriecreme und mit Ahorn-
sirup geschmorten Apfelstücken ist nur ein Beispiel eines in
jeder Hinsicht gelungenen Tellers, der alle Vorzüge sehr an-
spruchsvoll ausgeführter, gutbürgerlich verwurzelter Küche
bestätigt. Gerichte wie die auf den Punkt gegarten Stücke
von Edelfischen in Hummersauce mit vorzüglichen, hausgemachten schwarzen Sepianudeln erfüllen problemlos den
hohen Anspruch an die Klasse eines Ein-Sterne-Restaurants,
auch wenn der Guide Michelin der Küche die über lange
Jahre gehaltene Auszeichnung 2010 entzogen hat.

Die Weinkarte ist eine Fundgrube für österreichische
Weine, die Sommelier Mario Fitz kompetent empfiehlt, der
sich auch zusammen mit Petra Hütter und den anderen Ser-
vicekollegen sehr freundlich um die Gäste kümmert. Und
wenn Sie einfach nur einmal gute, preiswerte Bistroküche
erleben wollen, geht das auf der Gartenterrasse oder auch
im Zweitrestaurant »Piccolo«.

Alphabetisches Register

Register nach Stadtteilen

Fotonachweis

Christopher Arlinghaus	99
Michael Bause	29, 37, 39, 85
Udo Beißel	103
Max Grönert	10/11, 17, 19, 55, 67, 101
Christoph Hennes	13, 33, 79, 83
Christian Knieps	43, 53, 97, 109
Csaba Peter Rakoczy	6, 51, 59, 65, 81, 93, 94/95, 107
Roland U. Neumann	47
Stefan Worring	2/3, 15, 21, 23, 25, 27, 31, 34/35, 41, 45, 49, 57, 61, 63, 69, 71, 73, 75, 77, 87, 89, 91, 105, 111, 113, 115

Zweite, aktualisierte Auflage 2010
© 2010 DuMont Buchverlag
Alle Rechte vorbehalten

Umschlagfoto: Restaurant Elia © Csaba Peter Rakoczy, Köln
Umschlagklappen: Kartografie Angelika Solibieda, cartomedia-karlsruhe

Lektorat Stephan Kleiner
Gestaltung Birgit Haermeyer
Produktion Marcus Muraro
Reproduktion PPP, Köln
Druck und Bindung Druckerei Uhl, Radolfzell

Printed in Germany
ISBN 978-3-8321-9523-6

www.dumont-buchverlag.de